DEMMLER VERLAG

W0174757

Evemarie und Frank Löser

Wildfrüchte

Sammeln und Verarbeiten zu Marmeladen und mehr

DEMMLER VERLAG

Titelfoto und Fotos: Dr. Frank Löser
Zeichnung S.68, Andreas Trosky

© 2009 Demmler Verlag GmbH
An der Bäderstrasse 7 c
18311 Ribnitz-Damgarten
Tel. 038 21/ 70 63 97
Fax.:038 21/ 70 88 76
info@demmlerverlag.de
www.demmlerverlag.de

2. unv. Nachauflage 2010

Grafische Gestaltung: Matthias Krempien, Grafikdesigner (HBFS)

Satz und Layout: Matthias Krempien, Grafikdesigner (HBFS)

Druck und Verarbeitung: DZA Druckerei zu Altenburg GmbH, Altenburg

ISBN 978-3-910150-80-5

Zum Geleit

Die eigene Zubereitung von Gelee, Konfitüre und Marmelade ist wieder `modern`. Was Großmutter damals noch alles selber machte, wird heute wieder gerne ausprobiert. Sich Ausprobieren, Neues entdecken und außerdem noch köstlichen Brotaufstrich erhalten − das macht Spaß und viel Freude. Nebenbei lernt man Bäume und Sträucher mit ihren Früchten besser kennen und meistens auch andere Naturfreunde - und neue Rezepte. Geduld und Mühe beim Sammeln werden wieder aktiviert und Freude beim Ergebnis. Bei der küchenfertigen Vorbereitung und bei der Verarbeitung selbst gibt es genügend unerwartete Herausforderungen gratis dazu. Das Probieren des fertigen Brotaufstrichs - vielleicht sogar der allerersten Marmelade − oder schon die erste gelungene Gelierprobe sind weitere glückliche Momente. Die in „Parade" stehenden gefüllten Gläser sind dann aber der krönende Höhepunkt. (So haben wir es bei jedem neuen Versuch empfunden.)
In diesem Buch finden Sie Rezepte, in denen Blüten bzw. deren Früchte von einheimischen Wildgehölzen verarbeitet wurden. Wir haben ganz bewusst auf exotische Zutaten verzichtet. Die Verwendung von Zimt und Zitrone war in einigen Rezepten erforderlich, um den Geschmack oder den Gelierprozess zu gewährleisten. Natürlich kann man Wildfrüchte auch mit Südfrüchten aller Art mischen und weitere Nuancen in der Verarbeitung herausarbeiten.
Die im Buch erwähnten Tipps ergaben sich beim Ausprobieren - deshalb haben wir sie aufgeschrieben. Nicht alles gelang beim ersten Mal, aber es war hilfreich, wenn wir dann im Zusammengetragenen stöbern konnten.
Es macht uns immer wieder Spaß selbst Zubereitetes auf den Tisch zu bringen, Gäste damit zu überraschen oder ein „kleines Mitbringsel" zu verschenken. Außerdem sorgt man nebenbei noch für Gesprächsstoff und Anregungen. Und besonders der Aufenthalt in der Natur, das Sammeln und schließlich das Ergebnis der Verarbeitung − wenn auch manchmal sehr mühevoll − ist ein Erlebnis besonderer Art.

Die Natur ist reich an wilden Früchten, die nicht nur sehr vitaminhaltig sind, sondern sich auch sehr gut für viele Gerichte und Süßspeisen eignen.
Dazu gehören besonders die süßen Brotaufstriche wie Marmelade, Gelee,

Konfitüre, aber auch die Herstellung von Saft, Likör und Wein aus Wildfrüchten. Wildfrüchte besitzen ess- bzw. verwertbare Früchte und sind mehrjährige Stauden, Sträucher oder Bäume. Man unterteilt in diesem Zusammenhang auch in Wildbeerenfrüchte, wie z.B. Him,- Brom,- und Erdbeere oder auch Kernfrüchte wie z.B. Hagebutte, Sanddorn und Holunder.

Wildobst im eigentlichen Sinne wird nicht kultiviert, aber die Früchte werden gerne zum Verzehr gesammelt.

Diesen Fakt, dass Wildfrüchte ohne weiteres zur Ernährung einen großen Beitrag leisten können, erkannte auch schon Karl der Große. Er befahl, die Eberesche anzupflanzen und die reifen Beeren als Nahrungsmittel zu nutzen.

In diesem Buch werden nicht nur die bekannten Früchte wie wilde Brombeeren, Himbeeren, Holunder oder Schlehen vorgestellt, sondern auch viele `vergessene` Wildfrüchte wie die Esskastanie, Eberesche oder Mehlbeere.

Hinweise zum Sammeln und Ernten, zur Verarbeitung und Informationen über die Besonderheiten der einzelnen Wildfrüchte haben wir für Sie unter der jeweiligen Frucht notiert.

Anschließend folgt dann der Rezeptteil. Alle hier vorgestellten Rezepte wurden von uns ausprobiert.

Weil wir gute Erfahrungen mit süßen Brotaufstrichen aus wilden Früchten gemacht haben, setzten wir im vorliegenden Buch den Schwerpunkt auf die Herstellung von Marmeladen, Gelees und Konfitüren.

Der Inhalt des Buches wurde von uns sorgfältig recherchiert und erarbeitet. Die Rezepte sind als Anregung und Beispiele zu verstehen. Eine Haftung übernehmen wir nicht.

Wir wünschen Ihnen, liebe Leser, viel Freude beim Ausprobieren und allzeit gutes Gelingen.

Evemarie und Frank Löser

Zur Geschichte der Wildfrüchte

Viele der heute bekannten Obstarten sind aus ehemaligen Wildfrüchten hervorgegangen. Schon unsere Vorfahren ernährten sich hauptsächlich von wilden Früchten, denn sie gehörten ja zu den Jägern und Sammlern. Im Laufe der Menschheitsentwicklung wuchsen in der Nähe von menschlichen Siedlungen immer mehr Wildfrüchte. Besonders Himbeeren, Brombeeren und Walderdbeeren, wilde Äpfel, Birnen und auch Kirschen gehörten dazu. Aus dieser Vielfalt, von Menschenhand ausgewählt und später veredelt, entwickelten sich im Lauf der Zeit die heute vorhandenen Obstarten. Einige Wildobstarten, wie z.B. den Holunder, bezeichnet man als Kulturfolger. Die Samen wurden durch die Vögel, die den Menschen in ihre neuen Ansiedlungen folgten, verbreitet.

Auch für viele Heilmethoden wurden die wilden Früchte – besonders auch im Mittelalter – verwendet, wie z.B. Holunder oder Eberesche.

Der Holunder wurde besonders zur Bekämpfung von Erkältungskrankheiten genutzt. Mancher erinnert sich noch an den heißen strengen Fliederbeersaft, den man bei Fieber und Erkältung trinken musste, um die Krankheit richtig auszuschwitzen.

Dies aber nur als Ergänzung, weil die Verarbeitung zu `Brotaufstrich` unser Anliegen ist.

Im Laufe der Zeit hat sich auch der Geschmack der Menschen verändert. Die heute vorhandenen vielfältigen Angebote an süßen Brotaufstrichen sind verführerisch, aber die Kreationen aus wilden selbst gesammelten und verarbeiteten Früchten schmecken einfach besser. Schließlich stecken darin auch die eigenen Ideen, Kreativität und ganz besondere Erinnerungen an die erlebte Natur.

Vieles ist in Vergessenheit geraten, deshalb möchten wir an Vergangenes erinnern und Sie zum Nachahmen ermutigen.

Das Sammeln und Ernten

Wichtig ist beim Sammeln von Wildfrüchten, dass dies möglichst nicht in der Nähe von viel befahrenen Straßen geschieht.Wenn dann doch mal ein voll besetzter Schlehenbusch oder Brombeerstrauch lockt, müssen die Früchte noch gründlicher als sonst gewaschen werden.

Früchte

Beim Sammeln und Ernten von Wildfrüchten ist darauf zu achten, dass man nur reife Früchte ohne Krankheiten bzw. Schädlinge erntet. Ansonsten immer sehr großzügig ausschneiden. Kerngehäuse sollten generell auf Schädlingsbefall kontrolliert werden.

Einige Wildfruchtarten, wie z.B. Schlehe, Sanddorn, Eberesche oder auch Quitte sind erst nach Frosteinwirkung reif. Sie verlieren dabei die meisten eigenen Bitterstoffe, die erst durch den Frost zu Fruchtzucker umgewandelt werden. Werden am Gehölz ausgereifte Früchte vor den ersten Frösten geerntet, muss dieser Prozess im Gefrierfach simuliert werden. Damit wird fast der gleiche Effekt wie in der Natur erzielt (Siehe auch Schockfrostung).

Blüten

Es sollten nur die Blüten von bekanntem Wildobst gesammelt werden. Auch hier gilt: nicht am Straßenrand oder an Feldrainen sammeln, deren angrenzenden Flächen von Schadstoffen verunreinigt sein können.
Es wird an einem trockenen Vormittag gesammelt. 24 Stunden vorher kein Regen, damit die Blüten ihren Duft auch voll entfalten können.
Blütenblätter nur bei Bedarf ganz vorsichtig waschen. Ansonsten nur leicht ausschütteln und sofort verarbeiten. Zu Blütenblättern empfehlen wir die Zugabe von Wein oder Likör der gleichen Fruchtart.

Zuerst möchten wir die Begriffe Gelee, Konfitüre und Marmelade definieren. Sie gehören gemeinsam mit Honig und Nuss-Nougat-Creme zu den süßen Brotaufstrichen.

Gelee – leitet sich vom französischen gele`e ab und hat seinen Ursprung im lateinischen Wort gelare. Süßes Gelee wird durch Pektin, das in den Früchten enthalten ist, gebildet. Die Früchte werden mit Zucker gekocht und sehr süße Früchte unter Zugabe von Zitronensäure etwas „saurer" gemacht. Werden pektinarme Früchte, wie die wilden Brombeeren, verarbeitet, kann durch die Zugabe von pektinreichen Früchten, z.B. Apfel, ausgeglichen werden.
Unkomplizierter und auch sicherer ist die Verarbeitung mit Gelierzucker. Mit genauer Rezeptvorgabe können pektinarme Früchte zu Gelees, Konfitüren oder auch Marmeladen verarbeitet werden.

Angeboten wird Gelierzucker für die Mischungen 1:1, 2:1 oder 3:1 und Varianten für Diabetiker. Die Angaben des jeweiligen Herstellers sollten unbedingt berücksichtigt werden.

Konfitüre - leitet sich ebenfalls aus dem französischen von la confiture ab und bezeichnet einen Brotaufstrich aus eingekochten Früchten und Zucker. Dabei können noch deutlich kleinere Fruchtstücke erkennbar sein.

Marmelade – stammt vom portugiesischen marmelo und dem griechischen melimelon „Honigapfel" ab. Es steht ebenfalls für einen Brotaufstrich aus Zucker und eingekochten Früchten. (Laut der „Konfitüren–Verordnung gemäß der Richtlinie 2001/113 EG des Rates vom 20.12.2001 soll nur noch von Konfitüre gesprochen werden. Durch zahlreiche Proteste wurde diese Verordnung aber schon wieder deutlich gelockert. `Marmelade` sollte nur noch für Produkte aus Zitrusfrüchten verwendet werden.)
Marmelade - ein einheitlicher Brotaufstrich ohne erkennbare Fruchtstückchen - kann aus einer Fruchtart oder auch aus mehreren Fruchtarten wie

Johannisbeeren, Apfel, Birne, Pflaume, Himbeeren hergestellt werden. Pektinreiche Früchte: Äpfel, Quitte, Johannisbeeren, Preiselbeeren und Citrusfrüchte.

Pektinarme Früchte: Himbeeren, Brombeeren, Erdbeeren, Holunder, Birnen, Steinfrüchte wie Pfirsich, Pflaume, Kirsche. (Meist säurearm, deshalb immer etwas Zitronensäure oder -saft zugeben).

 Tipps

Abfüllen

Das Einfüllen der fertigen Marmelade oder Gelees kann mit einem Einfülltrichter durchgeführt werden. Es geht schneller, die Fruchtmasse kommt heiß ins Glas und ein Verbrennen der Finger kann vermieden werden.

Abschäumen

Beim Aufkochen der Früchte mit Gelierzucker kann sich auf der Oberfläche Schaum bilden. Mit einer Schaumkelle wird er abgeschöpft und entsorgt. Marmeladen und Gelees werden dadurch klarer; es wird aber nur das Aussehen verbessert – nicht der Geschmack.

Alkohol

Die Zugabe von Alkohol – Geist oder Likör – zur Verfeinerung des Geschmacks erfolgt immer erst am Ende des Kochvorganges. (2 - 4 cl auf 1000 g Fruchtmasse)

Achtung: Diese Marmelade muss besonders gekennzeichnet sein!

Blanchieren

Die Früchte werden mit kochendem Wasser übergossen oder nur kurz darin aufgekocht um Mikroorganismen abzutöten und unerwünschte Geschmacksstoffe zu beseitigen. Von blanchierten Früchten lassen sich auch die Schalen leichter vom Fruchtfleisch trennen.

Blüten

Es werden nur Blütenteile von bekannten und genießbaren Wildfrucht-arten gesammelt. Blütenblätter nur bei Bedarf ganz vorsichtig waschen. Ansonsten nur leicht ausschütteln und sofort verarbeiten. Hier lohnt sich auch die Zugabe von Likör der gleichen Fruchtart.

Fruchtfarbe

Ein Glas Marmelade oder Gelee mit einer guten Farbe stimmt auch den Menschen froh.

Das Verhältnis von Zucker, Säure und Frucht muss stimmen, dann bleibt auch die Fruchtfarbe im Glas lange erhalten.

Farben bringen die Seele in Schwung, das ist ja bekannt.
- Gelb steht für den Geist und die Spiritualität (Quitte)
- Blau ist ein Symbol für den Verstand, die Konzentration, Ruhe und Ent-spannung (Schwarzer Holunder, Heidelbeere, Brombeere)
- Rot bezeichnet die Liebe und wärmt das Herz (Himbeere, Erdbeere)

Früchte

Es werden nur reife Früchte ohne Krankheiten verarbeitet. Bei Bedarf immer großzügig ausschneiden. Kerngehäuse werden generell auf Obst-maden kontrolliert.

Frostsimulation/Schockfrosten

Einige Wildfruchtarten, wie z.B. Schlehe, Sanddorn, Eberesche oder auch Quitte sind erst nach der Frosteinwirkung richtig reif. Sie verlieren dabei die meisten eigenen Bitterstoffe, die bei Frost zu Fruchtzucker umgebildet werden. Werden am Gehölz ausgereifte Früchte vor den ersten Frösten geerntet, kann dieser Prozess im Gefrierfach simuliert werden und man erreicht den gleichen Effekt wie in der Natur.

Gelierprobe

Wer beim Kochen von Marmelade oder Konfitüre ganz auf der sicheren Seite sein möchte, macht vor dem Einfüllen der Fruchtmasse in die Gläser eine Gelierprobe. Dieser kleine Aufwand hat schon manche Enttäuschung verhindert und Korrekturen sind immer möglich.

1 bis 2 Teelöffel des fertigen Produktes auf einen kühlen Teller gegeben (vorher in den Kühlschrank stellen), einen Moment abkühlen lassen. Die Fruchtmasse muss sichtbar fest werden und am Teller haften bleiben. Sie darf beim Schräghalten nicht mehr verlaufen (Im Zweifelsfall lieber noch eine Minute länger warten).

Richtig fest wird die Fruchtmasse meistens erst im ausgekühlten Zustand; das kann allerdings auch mehrere Tage dauern. Auch die Verwendung von kleinen Gläsern fördert die Gelierfähigkeit.

Sollte die Gelierprobe nicht gelingen, dann kann man durch die Zugabe von Zitronensäure oder auch frisch gepresstem Zitronensaft nachhelfen. Unbedingt gut umrühren, Gelierprobe machen und heiß in Gläser füllen (Weitere Tipps unter: Marmelade/Gelee ist zu dünn...).

Gelierzucker

Er wird zur Herstellung von Gelee, Konfitüre oder Marmelade verwendet und garantiert - bei Einhaltung der Gebrauchsanweisung – gutes Gelingen. Gelierzucker besteht aus Zucker, Apfelpektin und Zitronensäure; dadurch wird das Eingemachte lange haltbar. Es behält seinen Fruchtgeschmack, die Fruchtfarbe, Aroma und Vitamine bleiben erhalten.

Fruchtige Varianten erzielt man beim Einsatz von Gelierzucker 2:1, dabei werden zwei Teile Früchte und ein Teil Gelierzucker verwendet.

Das ist die „Normalvariante".

Gelierzucker 1:1 oder 3:1 und Diabetiker Gelierzucker werden ebenso nach Gebrauchsanweisung verwendet.

Mit Gelierzucker 1:1 werden fruchtsäurehaltige Früchte, wie z.B. Eberesche verarbeitet. Damit hat man auch keinen zu herben Geschmack bei seinem Brotaufstrich.

Begriffe

Gelierzucker 3:1 ist für besonders süße Früchte geeignet, z.B. späte, sehr ausgereifte Pflaumen. Gelierzucker für Diabetiker gilt als Spezialvariante für Zuckerkranke. Nicht empfehlenswert bei der Verarbeitung von Früchten der Eberesche, weil diese viele Inhaltsstoffe enthält, die früher schon als „Sorbitersatz" verwendet wurden.

Gläser

Wir empfehlen zum Aufbewahren der Marmelade kleinere Gläser:

Die später zu verbrauchende Menge ist überschaubar

In kleineren Gläsern gelingt die Gelierung besser

Verwenden Sie Twist-off-Gläser mit entsprechendem Deckel

Sauberkeit ist oberstes Gesetz

Die gründlich gereinigten und vorgewärmten Gläser werden mit der heißen Fruchtmasse gefüllt und mit sauberen Deckeln sofort verschlossen. Die Gläser werden dann etwa 5 Min. `kopfüber` auf den Deckel gestellt. Dieses luftdichte Verschließen, `Zuziehen` genannt, verhindert auch das Schimmeln des Inhaltes. Stehen die Gläser aber länger als geplant verkehrt herum, dann steht die Marmelade im Glas. Dieser optische Nebeneffekt hat aber auch seine Liebhaber... Wurden aber Zitronenschale, Minze oder andere Zutaten beigegeben, sollten die Gläser innerhalb des Geliervorganges mehrmals vorsichtig gedreht werden. Dabei verteilen sich die Zutaten besser in der gesamten Fruchtmasse und setzen sich nicht komplett am Boden ab.

Kochzeiten

Halten Sie unbedingt die auf den Gelierzuckertüten angegebenen Koch-
zeiten ein. Dabei gut umrühren und richtig durchkochen lassen.

Marmelade/Gelee ist zu dünn oder/wird nicht fest

Wir empfehlen dann folgendes:
Noch einmal langsam erhitzen und gut eingeweichte und ausgedrückte
Gelatine unterrühren (nach Gebrauchsanleitung verfahren). Gelierprobe
vor dem Einfüllen in die Gläser sollte dann gelingen.
Auf 1000 g Fruchtmasse weitere 100 g Zucker zugeben und nochmals
aufkochen.
Auf 1 000 g Fruchtmasse 1 P Zitronensäure = 5 g dazugeben oder wahl-
weise 7 EL frisch gepresster Zitronensaft. Nochmals etwa 1 Min aufko-
chen lassen, besonders bei süßen Früchten hilfreich.
Einfach bei ständigem Umrühren weiter köcheln lassen, dann verdunstet
mehr Flüssigkeit. Auch 2 – 3 Min sprudelnd aufkochen.
Tortenguss als Geliermittel hinzufügen und gut verrühren.
Marmelade und besonders Gelee gelingt in kleineren Zubereitungsmen-
gen immer besser.

Maßeinheiten

1 Glas = 200 ml Wasser
1 EL = ein Esslöffel gestrichen voll
1 TL = ein Teelöffel gestrichen voll
1 Msp. = eine Messerspitze voll

Mengenzubereitung

Halten Sie sich bitte an die vorgegebenen Rezepturen. Sie sind ausprobiert
und ausgewogen. Maximal die doppelte Menge verarbeiten, sonst kann es
Probleme beim Gelierprozess geben.
Kleinere Mengen gelieren besser und sind auch überschaubarer.

Saftgewinnung

Möglichkeiten dazu gibt es viele. Hand-, Spindel- oder Fruchtpressen, Siebe oder grob gewebte Leinentücher zum Abtropfen, Fruchtentsafter usw. können individuell zur Saftgewinnung genutzt werden.

Die Früchte waschen, gut abtropfen lassen, teilen und je nach Fruchtgröße halbieren oder vierteln. Auch Zieräpfel werden halbiert um zu sehen, ob das Fruchtfleisch gesund ist. Das Obst wird gedünstet, bis es gut Saft abgibt und dann wird der Saft gewonnen.

Saubere Früchte

ALLE vorgesehenen Früchte werden vor der Verarbeitung gründlich gewaschen!

Dann gut abtropfen lassen, denn im Abtropfwasser sind Schmutzpartikel und Verunreinigungen enthalten.

Saubere Blüten

Die Blütenstände oder Blütenblätter, z.B. Rosen werden gründlich auf Schädlinge, (Befall durch Blattläuse bei Blüten des Schwarzen Holunder), untersucht und bei Befall ausgesondert. Nur einwandfreie Blüten werden zur Geleeverarbeitung verwendet.

Blüten werden nur gesammelt, wenn es mindestens zwei Tage vorher nicht geregnet hat. Sonst duften sie nicht, entfalten auch zu wenig Aroma und wir erhalten nur „Zuckergelee".

Saubere Gläser und Deckel

Gläser und Deckel werden ausgekocht oder mit heißem Wasser gründlich ausgespült, dann kopfüber zum Trocknen aufstellen. Es werden nur einwandfreie und unbeschädigte Gläser und Deckel verwendet.

Twist-off-Gläser und Deckel sind am einfachsten zu handhaben und sichern auch gut den Erfolg der Arbeit.

Töpfe

Edelstahl und Emailletöpfe eignen sich gut. Aluminium kann den metallischen Geschmack an die Früchte weitergeben.

Tuch

Abtropfen/Durchseihen/Auspressen durch ein Tuch ist eine Möglichkeit der Saftgewinnung.

Tücher aus Leinen wurden schon früher gern dafür genutzt, weil das Gewebe selbst nicht zuviel Fruchtsaft mit seinen Fasern aufnimmt. Sterile Sauberkeit wird durch Auskochen erzielt.

ACHTUNG das Tuch wird durch den Fruchtsaft mehr oder weniger stark gefärbt und für andere Zwecke unansehnlich.

Waage

Beim Zubereiten von Marmelade ist eine Küchenwaage einfach ein Muss. Sie sollte auch für kleinere Mengen geeignet sein.

Wasserzugabe

Die Früchte müssen gekocht werden, möglichst im eigenen Saft. Saftarme Früchte würden aber schnell am Topfboden anbrennen, wenn nicht `etwas Wasser` aufgefüllt wird. Meistens reicht es aus, wenn der Topfboden sichtbar bedeckt ist – ca. 1-2 cm Wasserstand oder eben fingerdick. Früchte nur komplett mit Wasser bedecken – wenn es im Rezept angegeben ist.

Zesten

Werden mit einem Zestenschäler (z.B. bei Quitten) aus der äußersten Schale von ungespritzten Zitronen gewonnen, nochmals fein geschnitten und der Marmelade zugegeben. Diese Zesten sind frei von Bitterstoffen, weil die weiße Unterschale unberührt bleibt.

Zitronensäure

Zitronensäure wurde 1784 von C. W. Scheele erstmals aus Zitronen gewonnen. Sie ist eine der häufig vorkommenden Säuren und wird zur Konservierung und als Säuerungsmittel bei der Lebensmittelherstellung verwendet. EU Lebensmittelzusatzstoff – E 330. (Siehe auch Gelierprobe und Marmelade/Gelee ist zu dünn).

Die Wildfrüchte - Vorkommen, Sammeln, Inhaltsstoffe, Verarbeitung und Rezepte

Apfel *(Malus sylvestris)*

Der Apfel in seiner Kulturform ist allgemein bekannt. Wildäpfel, auch Holz-apfel genannt (Malus sylvestris ssp. sylvestris), sind aber deutlich kleiner, nicht so rotbäckig und sie haben meist auch mehr Fruchtsäure. Deshalb schmecken sie etwas herb.

Die Heimat dieser Obstart ist unser nördliches Europa, es ist die einzige heimische Wildapfelart Mitteleuropas.

Blätter, Zweige, Äste und der gesamte Wuchsaufbau entsprechen unserem Kulturapfel. Sie sind deshalb auch leicht in der Natur als Apfelbaum er-kennbar. Ob es sich wirklich um einen Wildapfel handelt, können aber nur Experten erkennen.

Die Blütezeit ist in den Frühjahrsmonaten (meist Mitte Mai) und die Ernte setzt im Frühherbst (Ende August – Mitte September) ein.

Die Früchte enthalten Fruchtsäure, Pektin, Gerbstoffe und Spurenelemente (u.a. Kalium 145 mg/100 g Frucht) sowie Vitamin A, B und C 15 mg/100 g Frucht.

Die in den Früchten enthaltenen Gerbstoffe verleihen der Konfitüre oder dem Gelee ein pikantes Aroma.

Die unreifen Früchte schmecken herbsauer und die fast reiferen Äpfel schon deutlich süßlicher. Wer in seiner Umgebung keine Standorte von Wildäpfeln kennt, sollte den zuständigen Förster fragen oder auf „säuerliche" Kultursorten zurückgreifen.

Apfelblütengelee

Blüten sauber verlesen und in dem Weißwein etwa 24 Stunden stehen lassen, danach durch ein Tuch seihen. Die Flüssigkeit mit dem Saft einer Zitrone verfeinern und mit dem Gelierzucker aufkochen, danach noch etwa 4 Min. köcheln. Gelierprobe machen, heiß in Gläser füllen, fest verschließen und kopfüber zum Abkühlen aufstellen.

Zutaten:

100 g Apfelblüten,
250 g Gelierzucker 2:1,
500 ml Weißwein,
1 Zitrone

Apfel-Holunder-Gelee

Apfelsaft und Holundersaft (Siehe Tipps und Saftherstellung) mischen und Gelierzucker zugeben. Etwa 3 Min. aufkochen lassen, nach der Gelierprobe heiß in die Gläser füllen. Sofort verschließen und kopfüber abstellen.

600 ml Apfelsaft,
300 ml Holundergelee,
500g Gelierzucker 2:1

Apfelgelee nach alter Art

Apfelgelee kann auch `nach alter Art` aus nicht ganz reifen Äpfeln eigener Ernte hergestellt werden. Unreife Früchte enthalten mehr Pektin und gelieren besser. Dieser Saft wird mit der gleichen Menge 1:1 Haushaltszucker gekocht bis er geliert. Uns ist das allerdings zu süß. Deshalb haben wir hauptsächlich Gelierzucker „2:1" nach Gebrauchsanleitung verwendet. Die Farbe vom Apfelgelee kann je nach verwendeter Apfelsorte gelblich, grünlich oder rötlich sein, weil die Äpfel mit Schale gekocht werden. Am besten bereitet man Apfelgelee aus herbsäuerlichen Sorten wie Boskop oder Cox Orange, wenn man keine Wildäpfel findet. Weniger aromatische Sorten eignen sich nicht so gut.

1500 g Äpfel,
1000 ml Wasser,
340 g Gelierzucker 2:1

Äpfel waschen, trocken reiben, Stiele und Blüten entfernen. Mit Schale und Kerngehäuse - je nach Größe - vierteln oder halbieren und in einen ausreichend großen Kochtopf geben. Durch die Kerne und das Kerngehäuse bekommt das Apfelgelee mehr Geschmack. So viel Wasser zufügen bis die Äpfel bedeckt sind, einen Deckel auflegen und langsam aufkochen lassen. Dann Temperatur auf mittlere Stufe schalten und so lange köcheln lassen, bis auch die oberen Äpfel zerfallen. Nicht umrühren, weil das Apfelgelee sonst trüb wird. Ein großes zum Abtropfen geeignetes Sieb (bei sehr großen Löchern mit einem Leinentuch auslegen) auf ein großes Gefäß stellen. Die heiße Masse vorsichtig hinein gießen und einige Stunden sehr gut abtropfen lassen. Äpfel nicht ausdrücken, weil das Gelee sonst eintrübt. Gewonnenen Saft wieder in den Topf zurück gießen und ohne Deckel ca.10 Minuten sprudelnd einkochen lassen. Den abgekühlten Geliersaft Abmessen oder Wiegen. Die Hälfte der Menge = Gewicht Gelierzucker „2:1". Wir haben 680 g Saft und 340 g Gelierzucker aufgekocht und ca. 4 Minuten sprudelnd kochen lassen. Apfelgelee nach der Gelierprobe heiß in Gläser füllen, fest verschließen und für einige Minuten auf den Kopf stellen. Gläser wieder umdrehen und Apfelgelee zum Abkühlen aufstellen.

Apfelgelee

Reife Äpfel waschen, abtropfen lassen, Stiele und Blüten entfernen, vierteln und mit dem Wasser aufkochen. Etwa 10 Min. kochen, danach Saft gewinnen und abmessen. Den ca. 900 ml Apfelsaft mit dem Gelierzucker und dem Zitronensaft aufkochen, bei Bedarf den Schaum abschöpfen. 3 Min. köcheln und Gelierprobe machen, heiß in Gläser füllen, fest verschließen und kopfüber zum Abkühlen aufstellen.

Zutaten:
1500 g Äpfel,
1000 ml Wasser,
500 g Gelierzucker 2:1,
½ Zitrone

Apfel-Quitten-Gelee

Früchte waschen und küchenfertig herrichten, in kleine Stücke schneiden und entsaften. Jeweilige Menge Saft abmessen und gemeinsam mit dem Gelierzucker unter ständigem Rühren aufkochen lassen, 3 Min. sprudelnd kochen. Gelierprobe machen. Fein geschnittene Pfefferminzblätter in das fertige Gelee einrühren, alles heiß in Gläser füllen, fest verschließen und kopfüber zum Abkühlen stellen.

Während des Abkühlens das Glas mehrmals vorsichtig drehen, damit sich die Blattteilchen fein im Glas verteilen und nicht am Boden liegen bleiben.

500 ml Apfelsaft,
500 ml Quittensaft,
1000g Gelierzucker 2:1,
5 Pfefferminzblätter

Berberitze *(Berberis spec.)*

Die Gemeine Berberitze *(B.vulgaris)* ist ein sommergrüner bestachelter Strauch, der bis zu 2,5 m hoch werden kann, mit zahlreichen gelben Blüten im Frühjahr. Im August - September reifen die hell- bis dunkelroten Früchte, die dann bis Oktober/November am Strauch verbleiben. Sie besitzen einen hohen Gehalt an Apfel-, Zitronen- und auch Weinsäure, der insgesamt bis zu 11 % der Frucht betragen kann. Auch Vitamin C kommt in den roh essbaren Früchten mit immerhin 100 – 250 mg/100 g Früchte vor, ebenso Mineralstoffe, Fruchtzucker und Pektin.

Bitte keine Eile bei der Ernte, zahlreiche Stachel mahnen zur Vorsicht. Dieses Gehölz hat auch eine Vielzahl von Kulturformen, die sich in der Größe und Farbe der Früchte unterscheiden. Prächtig gefärbtes Herbstlaub!

Berberitzenmarmelade / 1. Variante

Berberitzen waschen, gut abtropfen lassen und mit etwas Wasser weich kochen. Dann durch ein Sieb passieren und mit der gleichen Menge Zucker und der Zitronenschale nochmals 4 Min. aufkochen. Gelierprobe machen. Heiß in Gläser füllen, fest verschließen und kopfüber zum Abkühlen aufstellen.

Zutaten:
600 g Berberitzen,
500 g Gelierzucker 1:1,
Schale von 1 Zitrone,
Wasser

Berberitzenmarmelade / 2. Variante

Berberitzen im Wasser weich kochen und durch ein Sieb streichen. Gelierzucker zum Mus geben und bei vorsichtigem Rühren sprudelnd aufkochen lassen. Gelierprobe machen und heiß in Gläser füllen, sofort fest verschließen und kopfüber zum Abkühlen aufstellen.

1000 g Berberitzen,
500 g Gelierzucker 2:1,
200 ml Wasser

Berberitzengelee

Berberitzen waschen und gut abtropfen lassen, zerdrücken und mit Wasser bedeckt weich kochen. Abkühlen lassen und Saft gewinnen. Berberitzensaft abmessen, mit Gelierzucker aufkochen und noch 3 Min. sprudelnd kochen lassen. Gelierprobe machen. Heiß in Gläser füllen, fest verschließen und kopfüber zum Abkühlen aufstellen.

1000 g Berberitzen,
500 g Gelierzucker 2:1
Wasser

Berberitzenkonfitüre

Früchte waschen, gut abtropfen lassen und Menge teilen. 500 g leicht zerquetschen und mit dem Wasser zum Kochen bringen. 500 g ganze Berberitzenfrüchte und den Gelierzucker dazugeben und nochmals 3 Min. sprudelnd aufkochen lassen. Gelierprobe machen. Dann heiß in Gläser füllen, fest verschließen und zum Abkühlen kopfüber aufstellen.

1000 g Berberitzen,
500 g Gelierzucker 2:1,
100 ml Wasser

Birne *(Pyris pyraster.)*

Die Wildbirnen, Ausgangsform für unsere schönen großen und auch saftigen Kultursorten, sind heute eher selten zu finden. Naturfreunde kennen einzelne Standorte. Wildbirnen werden aber seit der Wahl zum „Baum des Jahres 1998" wieder verstärkt in Parks oder Grünanlagen angepflanzt.

Die Bäume erreichen ein Alter von bis zu 150 Jahren, haben eine kegelförmige Krone und werden 15−20 m hoch. Sie zeigen eine farbenprächtige Herbstfärbung. Die Zweige der Wildform sind mit Dornen besetzt.

Die weißen Blüten erscheinen Ende April/ Mai und auch vereinzelt noch Anfang Juni, meist kurz vor dem Laubaustrieb. Sie können zu Blütengelee verarbeitet werden.

Die kleinen bis zu 4 cm langen, oft sehr zahlreichen und sehr harten Früchte werden erst Ende September/ Oktober vollreif und genießbar. Sie sind meist rundlich und weniger deutlich birnenförmig und reich an Pektinen, Mineralstoffen, Fruchtsäuren und Gerbstoffen.

Birnenblütengelee

Blüten sauber verlesen und mit 500 ml Wasser etwa 24 Stunden stehen lassen. Alles durch ein Sieb gießen und die Flüssigkeit mit dem Gelierzucker aufkochen. Kurz nach der Gelierprobe den Birnenschnaps einrühren. Heiß in Gläser füllen, fest verschließen und einige Min. kopfüber aufstellen.

Zutaten:
100 g Blüten,
250 g Gelierzucker 2:1,
2 cl Birnenschnaps,
Wasser

Birnenmarmelade mit Amaretto

Birnen waschen, schälen und mindestens vierteln, Kerne, Gehäuse etc. entfernen. Zitronensaft und Zitronensäure dazugeben und langsam auf kleiner Flamme erhitzen. Dann Apfelsaft und Gelierzucker zugeben, kräftig durchmischen und danach etwa 4 Min. sprudelnd kochen lassen. Gelierprobe machen, dann den Amaretto zugeben, heiß in Gläser füllen und kopfüber aufstellen.

600 g Birnen,
300 ml Apfelsaft,
100 ml Zitronensaft,
1 P. Zitronensäure,
500 g Gelierzucker 2:1,
3 EL Amaretto

Wildbirne mit „Williams Birne" Likör

Die reifen Birnen waschen, schälen, Gehäuse etc. entfernen, klein schneiden und mit allen anderen Zutaten in einen Topf geben. Eine Nacht lang ziehen lassen. Am nächsten Tag Nelke und Ingwer entfernen, kurz aufkochen und weitere 4 Min sprudelnd unter ständigem Rühren kochen. Gelierprobe machen, dann Likör einrühren. Sofort in Gläser füllen, fest verschließen und kopfüber zum Abkühlen aufstellen.

500 g Wildbirnen,
250 g Gelierzucker 2:1, Schale eine halben Zitrone,
1 EL Zitronensaft,
1 Nelke,
2 kandierte Ingwerstücke,
50 ml Wasser,
2 cl Williams Birne Likör/ oder Grappa

Dieses Rezept gelingt auch mit den Kultursorten der Birne.

Birnenmarmelade mit Walnüssen

Birnen waschen, schälen, Gehäuse etc. entfernen und in kleine Würfel schneiden.

Die halbe unbehandelte Zitrone ebenfalls sehr klein schneiden. Alles in einen Topf geben und 10 Min. langsam kochen lassen. Dann fein gehackte Walnüsse gemeinsam mit dem Gelierzucker gut unterrühren, nochmals 8 Min. kochen, davon 3 Min. sprudelnd. Topf vom Herd nehmen und Rum einrühren, Gelierprobe machen. Marmelade heiß in Gläser füllen, fest verschließen und kopfüber zum Abkühlen aufstellen.

Zutaten:
1000 g Wildbirnen,
100 g fein gehackte Walnüsse,
½ Bio-Zitrone,
500 g Gelierzucker 2:1,
4 cl Rum

Birnen-Apfel-Marmelade

Birnen waschen, schälen, Gehäuse etc. entfernen, in kleine Stücke schneiden und weich kochen.

Apfel- und Zitronensaft sowie den Gelierzucker zugeben, gut durchrühren und aufkochen, dann 3 Min. sprudelnd kochen lassen. Gelierprobe machen. Heiß in Gläser füllen, fest verschließen und kopfüber zum Abkühlen aufstellen.

1200 g Birnen,
250 ml Apfelsaft,
50 ml Zitronensaft,
500 g Gelierzucker 3:1,
Wasser

Birnen-Berberitzen-Marmelade

Berberitzen waschen und gut abtropfen lassen, Fruchtstiele entfernen und leicht zerdrücken, mit 100 ml Wasser kochen und danach passieren.Birnen waschen, abtropfen lassen und vierteln, bei Bedarf ausschneiden, mit 250 ml Wasser weich kochen, anschließend passieren. Berberitzen- und Birnenmasse in einen Topf geben und etwa 15 Min. köcheln lassen. Dann Gelierzucker zugeben und mindestens noch 4 Min. sprudelnd aufkochen. Gelierprobe machen, heiß in Gläser füllen und fest verschließen, kopfüber zum Abkühlen aufstellen.

Zutaten:
400 g Berberitzen,
1000 g Birnen,
500 g Gelierzucker 2:1,
350 ml Wasser

Brombeere *(Rubus fruticosus)*

Die beliebten Brombeeren wachsen besonders häufig an Waldrändern, Böschungen und in Kahlschlägen.
Achtung, die Triebe und Blattstiele sind voll mit Stacheln besetzt.
Die Zweige werden häufig 2–3 m lang.
Die Blü- tezeit ist meist ganzjährig, denn man findet selbst im Herbst neben reifen Früchten einzelne Blüten. Die blau-schwarzen Beeren sind meist ab Anfang August reif - aber nicht alle auf einmal, sondern folgend. Nur völlig ausgereifte Früchte werden geerntet und verarbeitet. Sichtbar unterschiedlich gereifte Früchte, also schwarze und noch rote nebeneinander, werden nicht gesammelt.
Die Früchte enthalten Gerbstoffe, organische Säuren, Fruchtzucker, Pektin, Vitamin C und B1 sowie Kalium, Phosphor, Magnesium und Kalzium (64 mg/100 g Frucht).

Brombeerblütengelee

Blüten sauber verlesen und im Wein etwa 24 Stunden ziehen lassen. Danach durch ein feines Sieb abseihen und den Gelierzucker einrühren. Langsam erhitzen, danach etwa 4 Min. sprudelnd aufkochen. Nach der Gelierprobe den Brombeerlikör dazugeben und sofort heiß in die Gläser füllen, fest verschließen, kopfüber zum Abkühlen aufstellen.

Zutaten:
100 g Brombeerblüten,
250 g Gelierzucker 2:1,
2 cl Brombeerlikör,
500 ml Weißwein

Brombeergelee / 1. Variante

Brombeeren auslesen und sehr gründlich waschen, damit auch alle kleinen Insekten von den Früchten entfernt werden.
Abtropfen lassen und mit Wasser in einem abgedeckten Topf zum Kochen bringen. Dann den Deckel abnehmen und weitere 20 Min. köcheln lassen, bis die Beeren richtig weich sind. Brombeermasse in ein geeignetes Sieb gießen und Saft gewinnen. Zitronensaft in den Brombeersaft geben und bei Bedarf (geringe Saftgewinnung) Wasser auffüllen. In einen Topf füllen, Gelierzucker unterrühren und zum Kochen bringen. 4 Min. sprudelnd kochen lassen, nach der Gelierprobe heiß in Gläser füllen und fest verschließen. Zum Abkühlen kopfüber aufstellen.

1000 g Brombeeren,
500 g Gelierzucker 2:1,
500 ml Wasser,
Saft von 1 Zitrone

Brombeergelee / 2. Variante

Brombeeren verlesen, waschen, abtropfen lassen und Entsaften. Saft abmessen und mit Gelierzucker vermischen, unter Rühren aufkochen lassen, 3 Min. sprudelnd kochen. Danach Likör zugeben und sofort heiß in Gläser füllen, fest verschließen und kopfüber zum Abkühlen aufstellen.

Zutaten:
700 ml Brombeersaft,
500 g Gelierzucker 2:1;
2 EL Kroatzbeer Likör

Brombeergelee / 3. Variante

Brombeeren waschen und putzen, anschließend im Topf grob zerdrücken und mit Wasser bedeckt gut durchkochen lassen, abkühlen und dann Saft gewinnen. Brombeersaft abmessen, mit dem Wein mischen und mit dem Gelierzucker zum Kochen bringen. 3 Min. unter Rühren sprudelnd kochen lassen, Gelierprobe machen. Heiß in Gläser füllen, fest verschließen, kopfüber zum Abkühlen aufstellen.

1000 ml Brombeersaft,
400 ml französischer
Apfelwein (Cidre),
1000 g Gelierzucker 2:1

Brombeer-Himbeer-Marmelade

Früchte verlesen, waschen, gut abtropfen lassen, dann mit dem Mixer pürieren. (Fruchtbrei bei Bedarf durch ein Sieb passieren, um die kleinen Samenkerne zu entfernen) Das Mus mit dem Gelierzucker vermengen und unter Rühren zum Kochen bringen. 3 Min. sprudelnd kochen, Gelierprobe machen und sofort heiß in Gläser füllen, fest verschließen und kopfüber zum Abkühlen aufstellen.

500 g Brombeeren,
500 g Himbeeren,
1000 g Gelierzucker 1:1,
Saft einer Zitrone

Brombeermarmelade

Zitronenmelisse waschen, abtropfen lassen, Blättchen abzupfen, fein zerkleinern und bereitstellen. Brombeeren waschen und gut abtropfen lassen. 250g Früchte grob zerdrücken, restliche Menge im Mixer pürieren und durch ein Sieb streichen.

Alles in einen Topf geben und mit dem Gelierzucker zum Kochen bringen, 1 Min. sprudelnd kochen lassen. Danach vorbereitete Zitronenmelisse unterrühren. Gelierprobe machen. Marmelade heiß in Gläser füllen, fest verschließen und kopfüber zum Abkühlen aufstellen.

Zutaten:
1000 g Brombeeren,
1 Zitrone,
500 g Gelierzucker 2:1,
Bund Zitronenmelisse

Brombeer-Holunder-Konfitüre

Brombeeren waschen und gut abtropfen lassen Holunderbeeren vom Stiel lösen, waschen und ebenfalls gut abtropfen lassen.

Beide Fruchtarten mischen, mit etwas Wasser und dem Gelierzucker zum Kochen bringen, Zitronensäure zugeben und 3 Min. sprudelnd kochen lassen.

Gelierprobe machen. Heiß in Gläser füllen, fest verschließen und kopfüber zum Abkühlen aufstellen.

500 g Brombeeren,
500 g Holunderbeeren,
500 g Gelierzucker 2:1,
Wasser,
½ TL Zitronensäure

Eberesche *(Sorbus aucuparia)*

Die Eberesche kommt bei uns in allen Gebieten vor. Sie ist auch unter dem Namen Vogelbeere bekannt. Weithin leuchten im Herbst die orangeroten Früchte dieser Wildobstart. Die Früchte sollten erst im Spätherbst oder nach den ersten Frösten geerntet werden, weil sie sonst zu bitter sind. Auch die Marmelade hat einen fruchtig-herben Geschmack.

Die orangeroten Früchte enthalten zur Erntezeit in größeren Mengen „Sorbit". Deshalb sind sie auch für Diabetiker geeignet. Die Eberesche enthält besonders viel Vitamin C. Deshalb wird sie im ländlichen Raum, hauptsächlich im Erzgebirge und im Vogtland, auch „Zitrone des Nordens" genannt. Sie stärkt bei regelmäßiger Einnahme/Verzehr die körpereigenen Abwehrkräfte.

Der hohe Gerbstoffgehalt der Beeren erzeugt eine adstringierende Wirkung. Sie enthalten auch Parasorbinsäure und im rohen Zustand Spuren von Blausäure. Beim Kochen und durch die ersten Fröste werden beide unschädlich gemacht.

Weil der herbe Geschmack der Beeren im rohen Zustand nicht zum Naschen in großen Mengen verführt, besteht keine Gefahr einer Vergiftung.
Die Beeren enthalten Fructose und Glucose sowie Saccharose und auch organische Säuren. Vitamin C ist mit 90–200 mg/100 g Frucht enthalten. Außerdem Karoten, Folsäure, Mangan, Zink, Kupfer und auch Magnesium.

Um den herben Geschmack der Früchte zu verringern, sollten die Früchte „entbittert" werden.

Entbittern der Früchte:

Die Früchte mindestens 1 Nacht, 12–24 h, in 4 %igem Essigwasser einlegen (auch 5 %iger Obstessig muss dazu nicht extra verdünnt werden).

Man nimmt 3 EL Essig auf 1 Liter Wasser. Am nächsten Tag abgießen, die Beeren abspülen und verarbeiten.

Man kann, je nach eigenem Geschmack, auch die Zuckermenge erhöhen. Aber fruchtig herb bleibt fruchtig herb und das bringt diesen ganz besonderen Geschmack in die eigene Marmeladenproduktion.

Die Kombination mit Äpfeln erhöht auch den Geliereffekt.

Ebereschen eignen sich auch vorzüglich zur Verarbeitung mit mild schmekkenden Früchten wie Birnen oder Kürbis.

Außerdem kann man die Früchte auch blanchieren oder über Nacht in den Tiefkühler legen und den ersten Frost (wie bei Schlehen) simulieren (Siehe Schockfrostung).

Ebereschenblütengelee

Blüten sauber verlesen und im Wasser etwa 24 Stunden stehen lassen, danach durch ein Tuch gießen, den Gelierzucker hinzugeben und kurz aufkochen. Dann 5 Min. köcheln lassen, öfter umrühren. Nach der Gelierprobe den Ebereschenschnaps einrühren und sofort heiß in Gläser füllen. Fest verschließen und kopfüber zum Abkühlen aufstellen.

Zutaten:
400 g Ebereschenblüten,
600 ml Wasser,
225 g Gelierzucker 2:1,
4 cl Ebereschenschnaps

Ebereschen-Apfel-Gelee

Die Äpfel waschen, zerkleinern, bei Bedarf ausschneiden, aber mit dem Kerngehäuse im Wasser weich kochen. Anschließend die Masse durch ein grobes Tuch pressen oder über Nacht gut abtropfen lassen. Den kalten Saft abmessen und mit Gelierzucker 2:1 und den aufgeschlitzten Vanillestangen unter ständigem Rühren zum Kochen bringen. Etwa 4 Min. sprudelnd kochen lassen, danach die Vanillestangen herausnehmen und den Ebereschengeist dazugeben. Gelierprobe machen. Anschließend in Gläser füllen, sofort verschließen und kopfüber abkühlen lassen.

1200 g Äpfel,
2 Gläschen Ebereschengeist,
250 ml Wasser,
1000 g Gelierzucker 2:1,
2 Vanillestangen

Ebereschen-Preiselbeer-Marmelade

Vogelbeeren verlesen, waschen und gut abtropfen lassen, mit wenig Wasser weich kochen und durch ein Sieb passieren, Menge abwiegen. Preiselbeeren waschen und gut abtropfen lassen, mit wenig Wasser vorkochen.

500 g Vogelbeeren,
500 g Preiselbeeren,
500 g Gelierzucker 2:1,
10g Zitronensäure

Vogel- und Preiselbeeren in einen Topf geben, Gelierzucker und Zitronensäure dazu, gut umrühren und aufkochen. 3 Min. sprudelnd kochen lassen. Gelierprobe machen und danach heiß in Gläser füllen, fest verschließen, kopfüber zum Abkühlen aufstellen.

Ebereschengelee / 1. Variante

Die ausgelesenen und gewaschenen Früchte in 2%igen Salzwasser blanchieren, um den Bittergehalt zu verringern. Anschließend mit kaltem Wasser abspülen, Beeren dann in 500 ml Wasser kochen bis sie weich sind. Die Fruchtmasse durch ein feines Sieb passieren, Zucker hinzugeben und bis zur gewünschten Konsistenz einkochen lassen. Gelierprobe machen und heiß in Gläser füllen, verschließen und kopfüber zum Abkühlen aufstellen.

Zutaten:
1000 g Ebereschenbeeren,
500 g Gelierzucker 2:1,
500 ml Wasser,
Salz

Ebereschengelee / 2. Variante

Ebereschen verlesen, waschen und die Früchte in 2%igen Salzwasser blanchieren, um den Bittergehalt zu verringern. Anschließend gut mit Wasser abspülen, abtropfen lassen und entsaften. Abgekühlten Saft abmessen, Gelierzucker zugeben und unter Rühren aufkochen. Weißwein zugeben, Gelierprobe machen und danach heiß in Gläser füllen, verschließen und kopfüber zum Abkühlen aufstellen.

500 ml Ebereschensaft,
500 g Gelierzucker 1:1,
100 ml Weißwein

Ebereschenmarmelade

Ebereschen von der Dolde lösen, waschen und gut abtropfen lassen, mit 200 ml Wasser weich kochen und passieren. Fruchtmasse mit dem Gelierzucker aufkochen und nochmals 3 Min. sprudelnd kochen lassen, Gelierprobe machen. Heiß in Gläser füllen, fest verschließen und kopfüber zum Abkühlen aufstellen.

Zutaten:
1000 g Ebereschen,
500 g Gelierzucker 2:1,
200 ml Wasser

Ebereschen-Mischmarmelade

Die Ebereschen- und Holunderbeeren verlesen, waschen, abtropfen lassen. Birnen schälen, Gehäuse etc. entfernen und in kleine Scheiben schneiden. Früchte in einen Topf geben und mit etwas Wasser weich kochen, anschließend mit einem Stampfer Mus zubereiten. Zimt, Holunderblütenlikör/oder anderer Fruchtlikör und den Zitronensaft einrühren. Die Masse abwiegen und mit der gleichen Menge Gelierzucker aufkochen bis Gelierprobe gelingt. In Gläser abfüllen, sofort fest verschließen und kopfüber zum Abkühlen aufstellen.

200 g Ebereschenbeeren,
400 g Holunderbeeren,
400 g reife Birnen,
500 g Gelierzucker 2:1,
1 Msp. gemahlener Zimt,
Wasser,
2 cl Holunderblütenlikör/
Fruchtlikör,
Saft einer Zitrone

Ebereschen-Sanddorn-Konfitüre

Ebereschenbeeren vom Zweig pflücken, waschen, abtropfen lassen und weich kochen. Dann mit dem Sanddornsaft (Siehe Saftherstellung oder Kauf von Saft) und Gelierzucker aufkochen lassen und nochmals 3 Min. köcheln lassen. Gelierprobe machen und heiß in Gläser füllen, fest verschließen und kopfüber zum Abkühlen aufstellen. Ebereschen-Sanddorn-Konfitüre schmeckt besonders fruchtig herb.

500 g Ebereschenbeeren,
500 ml Sanddornsaft,
500 g Gelierzucker 2:1

Ebereschen-Apfel-Gelee

Vogelbeeren waschen und gut abtropfen lassen. Äpfel waschen, abtrocknen, Kerngehäuse entfernen und in kleine Stücke schneiden. Früchte im Topf/Entsafter mit Wasser bedeckt kochen und Fruchtsaft gewinnen. Den Saft abmessen und mit gleicher Menge Gelierzucker aufkochen, etwa 4 Min. sprudelnd unter Rühren kochen lassen. Heiß in Gläser füllen, fest verschließen und kopfüber zum Abkühlen aufstellen.

Zutaten:
1000 g Ebereschen,
250 g Äpfel,
Gelierzucker 2:1,
Wasser

Ebereschen-Mahonien-Gelee

Ebereschenbeeren waschen und gut abtropfen lassen, mit 100 ml Wasser weich kochen und Saft gewinnen.
Mahonienfrüchte (Siehe Mahonie) waschen und gut abtropfen lassen, zerdrücken und zur Saftgewinnung durch ein Sieb auspressen.
Nach dem Abmessen beide Säfte in einen Topf geben, Gelierzucker dazu und 5 Min. köcheln lassen. Dann 3 Min. sprudelnd aufkochen. Nach der Gelierprobe heiß in Gläser füllen, fest verschließen und kopfüber zum Abkühlen aufstellen.

250 g Vogelbeeren,
250 g Mahonienfrüchte,
250 g Gelierzucker 2:1,
100 ml Wasser

Erdbeere *(Fragaria vesca)*

Gemeint sind hier natürlich die Walderdbeeren. Wer sie nicht nur zum Naschen gesammelt hat, weiß wie mühselig das Sammeln größerer Mengen sein kann, wenn daraus schmackhafte Marmelade, Gelee oder Konfitüre entstehen soll.

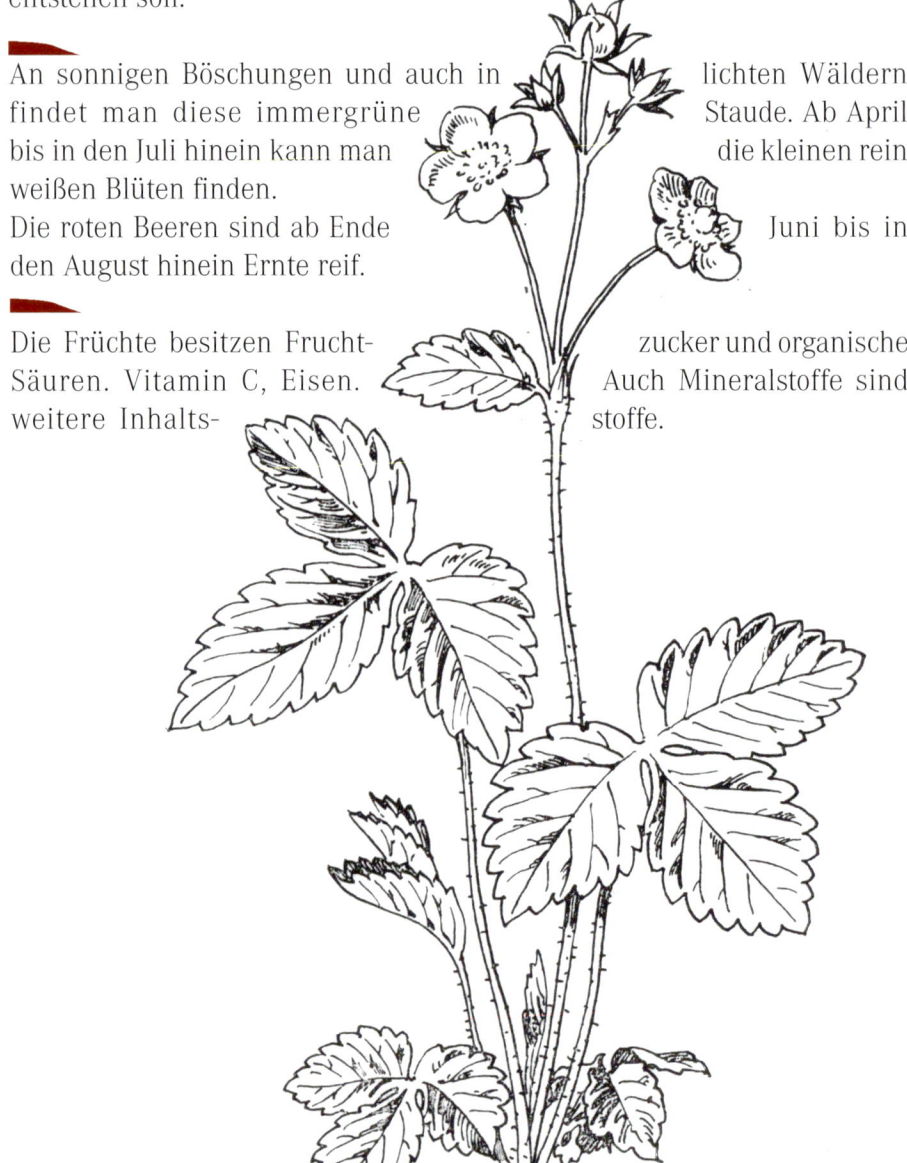

An sonnigen Böschungen und auch in findet man diese immergrüne bis in den Juli hinein kann man weißen Blüten finden. Die roten Beeren sind ab Ende den August hinein Ernte reif.

lichten Wäldern Staude. Ab April die kleinen rein

Juni bis in

Die Früchte besitzen Frucht-Säuren. Vitamin C, Eisen. weitere Inhalts-

zucker und organische Auch Mineralstoffe sind stoffe.

Walderdbeeren mit Stachelbeergelee

Stachelbeeren putzen, waschen, gut abtropfen lassen und heiß entsaften. Den abgekühlten Saft abmessen und mit dem Gelierzucker vermischen. Saubere und vorsichtig gewaschene Walderdbeeren hinzugeben, unter ständigem Rühren aufkochen. Danach 3–4 Min. sprudelnd kochen. Gelierprobe machen, heiß in Gläser füllen, sofort verschließen und kopfüber zum Abkühlen aufstellen.

Zutaten:
100 g Walderdbeeren,
500 ml Stachelbeersaft,
500 g Gelierzucker 2:1

Walderdbeermarmelade mt Holunderblüten

Bevor man die Walderdbeeren sammelt, sollte man sich umschauen, ob noch ein Schwarzer Holunderstrauch mindestens 1 Blüte trägt. Erdbeeren waschen, vorsichtig trocken tupfen, Stiele entfernen und klein schneiden. Mit dem Gelierzucker in einen Topf geben, etwa 10 Min. köcheln lassen und bei Bedarf abschäumen. Holunderblüte gründlich in Wasser schwenken und gut abtropfen lassen. Die Holunderblüten werden vorsichtig abgezupft und gleichmäßig in die vorbereiteten Gläser verteilt. Erdbeermasse nochmals sprudelnd aufkochen, Gelierprobe machen und heiß in die Gläser füllen, fest verschließen und kopfüber zum Abkühlen aufstellen.

1000 g Walderdbeeren,
500 g Gelierzucker 2:1,
1 Holunderblütendolde

Walderdbeerkonfitüre

Walderdbeeren waschen und gut abtropfen lassen, Fruchtkelche abzupfen, die Erdbeeren zerkleinern oder zerdrücken. Die Früchte etwa 10 Min. köcheln lassen, dabei ab und zu umrühren und den Gelierzucker zugeben. Den cremigen Fruchtbrei nochmals 3 Min. aufkochen lassen. Gelierprobe machen und dann heiß in Gläser füllen, fest verschließen und kopfüber zum Abkühlen aufstellen.

Zutaten:
500 g Walderdbeeren,
250 g Gelierzucker 2:1

Esskastanie *(Castanea sativa)*

Hier ist die Esskastanie, Edelkastanie, Kestene oder auch Marone genannt, gemeint. Die Esskastanie wird als Baum bis zu 30 m hoch und hat eine weit ausladende Krone. Die Laubblätter sind länglich-lanzettlich.

Sie unterscheiden sich deutlich von den Blättern der Rosskastanie, ebenso die Fruchthüllen. Die Blütenähren der Esskastanie gelten als gute Bienen-weide. Die Samenstände bilden sich im Laufe des Sommers heraus und beinhalten 1−3 Einzelfrüchte. Die Ernte beginnt im Oktober.

Die Früchte sind reich an Kohlenhydraten, allein Zucker und Stärke sind mit 50 % vertreten, Eiweiß dagegen mit 6 %. Der Fettanteil schwankt nach Sorte und Standort zwischen 2,5 und 4,8 %. Mineralstoffe wie Phosphor und Kalium sowie Vitamine, z.B. Vitamin C (6-23 mg/ 100 g Frucht), sind weitere nennenswerte Inhaltsstoffe.

Kastanienmarmelade

Kastanien am unteren hellen Fleck kreuzweise einritzen und etwa 10 Min. mit Wasser bedeckt kochen. Danach die Schalen entfernen. Zuerst die äußere braune feste Schale und danach die deutlich dünnere fast weiße Schale abziehen.
Kastanien dann vierteln oder nur zerdrücken und mit dem Gelierzucker und etwas Wasser langsam aufkochen, dann 3 Min. sprudelnd kochen. Gelierprobe machen und dann sofort heiß in Gläser füllen, fest verschließen und kopfüber zum Abkühlen aufstellen. Kann auch mit Vanille verfeinert werden.

Zutaten:
500 g geschälte Esskastanien,
250 g Gelierzucker 2:1,
Wasser

Kastanienmarmelade mit Zitrone

Kastanien auf der Unterseite am hellen Fleck über Kreuz einritzen und etwa 10 Min. mit Wasser eben bedeckt kochen, danach die Schalen abziehen.
Immer nur einige Früchte aus dem heißen Wasser nehmen, sie lassen sich besser bearbeiten, äußere derbere Schale und die dünnere hellere Schale entfernen.
Kastanien vierteln und mit dem Gelierzucker und etwas Wasser aufkochen lassen, 2 EL Zitronensaft zugeben (je nach Geschmack; die Zitrone überdeckt sehr schnell den feinen Geschmack der Maronen). 3 Min. aufkochen lassen, Gelierprobe machen und heiß in Gläser füllen, fest verschließen und kopfüber zum Abkühlen aufstellen.

Zutaten:
500 g geschälte Kastanien,
250 g Gelierzucker 2:1,
2 EL Zitronensaft,
Wasser

Felsenbirne *(Amelanchier spec.)*

Dieser 2−3 m hohe Strauch wächst in Hecken und Gebüschen, an Waldrändern und natürlich in Parks und Gärten. Er braucht für ein optimales Wachstum viel Sonne. Das grüne Laub färbt sich im Herbst kupferfarben und ist sehr attraktiv.

Die weißen Blütentrauben bringen zuerst grüne Beeren hervor, die sich im Laufe des Sommers über rot bis hin zu violett-rotem Blau verfärben und damit ihre Reife anzeigen. Fruchtgröße bis über 1 cm Durchmesser.

Zu dem Zeitpunkt (Mitte Juli bis Mitte August) beginnt der Wettlauf beim Ernten der begehrten, nach Heidelbeeren schmeckenden Früchte mit den Beeren fressenden Vögeln. Besonders die Amseln und Drosseln sind Feinschmecker und lieben die Felsenbirne.
In einigen Regionen wurde die Felsenbirne noch im 19.Jahrhundert als Korinthenstrauch bezeichnet, weil die getrockneten Früchte zu verschiedenen Backwaren verwendet wurden.

Die Früchte sind reich an Fruchtzucker und auch an Vitaminen, hervorzuheben das Vitamin C und Flavonoide (Vitamin P) sowie der leicht verdauliche Fruchtzucker. Der Gehalt an verschiedenen Mineralstoffen ist erwähnenswert.

Reife Früchte der Felsenbirne sind relativ süß, deshalb nur Gelierzucker 2:1 verwenden und auch etwas Zitrone zugeben.

Felsenbirnenblütengelee

Felsenbirnenblüten sauber verlesen und in dem Wasser etwa 24 Stunden ziehen lassen, danach durch ein Sieb gießen. Den Saft mit dem Gelierzucker langsam kochen lassen, Zitronensaft hinzugeben und weitere 4 Min. köcheln lassen. Nach der Gelierprobe sofort in heiße Gläser füllen, diese fest verschließen und kopfüber zum Abkühlen aufstellen.

Zutaten:
200 g Felsenbirnen-
blüten,
250 g Gelierzucker 2:1,
2 EL Zitronensaft,
500 ml Wasser

Felsenbirne-Apfel-Gelee

Felsenbirnen küchenfertig bearbeiten, mit dem Apfelsaft etwa 20 Min. köcheln und danach durch ein Sieb ablaufen lassen; nicht durchpressen. Die Flüssigkeit abmessen, damit die Menge Gelierzucker bestimmt und abgewogen werden kann. Den Saft zum Kochen bringen und den Gelierzucker nach und nach dazugeben. Bei 3 Min. sprudelndem Kochen wird ständig gerührt. Kochen mit hoher Temperatur macht das Gelee klarer. Nach der Gelierprobe heiß in Gläser füllen, kopfüber abstellen und erkalten lassen.

500 g Felsenbirne,
150 ml Apfelsaft,
500 g Gelierzucker 2:1

Felsenbirnenmarmelade / 1. Variante

Küchenfertige Früchte in wenig Wasser 15 Min. kochen lassen bis sie weich sind, dabei ständig rühren. Gelierprobe machen. Danach heiß in Gläser füllen und fest verschließen, kopfüber zum Abkühlen aufstellen.
Für feine Gaumen: Durch ein Sieb passieren und die Kerne entfernen.

500 g Felsenbirnen,
250 g Gelierzucker 2:1,
Wasser

Felsenbirnenmarmelade/2. Variante

Zutaten in wenig Wasser 15 Min. kochen lassen und dann, je nach Geschmack, etwas Zitronensaft zugeben. Diese Marmelade wird nicht ganz so süß. Gelierprobe machen. Heiß in Gläser abfüllen und kopfüber zum Abkühlen stellen.

Zutaten:
500 g Felsenbirne,
250 g Gelierzucker 2:1,
1 EL Zitronensaft,
Wasser

Felsenbirne-Johannisbeer-Marmelade

Felsenbirnen und Johannisbeeren in wenig Wasser weich kochen und danach den Gelierzucker zugeben. Weitere 4 Min. sprudelnd kochen lassen. Nach der Gelierprobe heiß in Gläser füllen, fest verschließen und kopfüber zum Abkühlen aufstellen.

500 g Felsenbirne,
500 g
Rote Johannisbeeren,
500 g Gelierzucker 2:1,
Wasser

Fichte *(Picea abies)*

Die Fichte, auch Rotfichte genannt, also unseren Weihnachtsbaum kennt jeder. Im Frühjahr, wenn sich die jungen zartgrünen Triebe – auch als Maispitzen oder Maitrieb bezeichnet - ausgebildet haben, können diese gesammelt und zu Gelee verarbeitet werden.

Das Harz in den Spitzen ist eine Wohltat für Magen und Darm. Die Spitzen sind im Mai ganz weich.

Fichtenspitzengelee
Zutaten:
500g Fichtenspitzen, 500 g Gelierzucker 2:1, 750 ml Wasser, 1 Zitrone

Die sauber verlesenen Spitzen werden im Wasser etwa 10 Min. gekocht. Abgekühlt durch ein Sieb gießen und die Spitzen dabei kräftig ausdrücken. Gelierzucker und den Saft einer Zitrone in den Sud rühren und nochmals aufkochen. Dann 4 Min. leicht köcheln lassen. Gelierprobe machen, heiß in Gläser füllen, fest verschließen und kopfüber aufstellen.

Hagebutte *(Rosa canina)*

Die allgemein bekannten Hagebutten sind die Früchte der Heckenrose und weiterer Rosenarten, wie z.B. der Kartoffelrose. Hecken und Waldränder sind ein beliebter Standort dieser mit Stacheln (!) besetzten Pflanze. Ab August zeigen die Früchte ihr schönstes Rot und sie sind dann Erntereif, allerdings in Schüben. Die Blütezeit beginnt im Mai − Juni und hält dann, je nach Art, bis zu den ersten Frösten an. In einem Arbeitsgang können dann Heckenrosen - Blüten für Gelee und - Früchte für Marmelade gesammelt werden. Die Kerne und Härchen der Früchte müssen sauber von den Fruchtschalen entfernt werden, um Juckreiz zu vermeiden. Außerdem ist die weitere Verarbeitung der Früchte dann deutlich einfacher. Die Empfehlungen, ganze Früchte weich gekocht oder nach Frosteinwirkung durch die flotte Lotte zu passieren, gelang bei unserer Marmeladenherstellung nicht. Härchen und Kerne verstopfen die Geräte. Aber nach der aufwändigen Vorbereitung: Früchte halbieren, Kerne entfernen, gut waschen und abtropfen lassen, gelang die Verarbeitung problemlos.
Die Früchte sind reich an Vitamin C. Es werden im Durchschnitt je nach Rosenart 300-450 mg/100 g Frucht angegeben. Weiterhin sind Mineralstoffe mit einem hohen Anteil an Kalium und Magnesium enthalten.
Im Herbst sind an den Zweigen der Kartoffelrose reife Früchte und auch immer wieder bezaubernd duftende Blüten vorhanden.

Hagebuttenmarmelade

Hagebutten waschen, abtropfen und sauber entkernen. Früchte nochmals waschen, um alle Härchen zu entfernen, dann zerkleinern. Zucker und den Saft von 1 Zitrone unterrühren, mit ganz wenig Wasser weich kochen und beim Umrühren leicht zerstampfen, danach 4 Min. sprudelnd kochen lassen. Nach der Gelierprobe heiß in Gläser füllen, fest verschließen und kopfüber zum Abkühlen aufstellen.

Zutaten:
1000 g Hagebutten,
500 g Gelierzucker 2 : 1,
1 Zitrone,
Wasser

Hagebuttenmarmelade mit Holunder

Hagebutten waschen, abtropfen lassen, putzen und entkernen. Die Fruchthüllen mit 250 ml Wasser etwa 5 Min. kochen und danach passieren. Holunderbeeren waschen, abtropfen und ebenso 5 Min. mit 250 ml Wasser kochen. Beides in einem Topf mischen, Gelierzucker zugeben und 5 Min. kochen lassen. Nach der Gelierprobe heiß in Gläser füllen, fest verschließen und kopfüber zum Abkühlen aufstellen.

500 g Hagebutten,
500 g Holunderbeeren,
500 g Gelierzucker 2:1,
500 ml Wasser

Hagebuttenmarmelade mit Apfel

Hagebutten küchenfertig vorbereiten, waschen, abtropfen lassen. Gemeinsam mit den vorbereiteten und grob geriebenen Äpfeln, Rotwein und dem Zucker etwa 30 Min. köcheln lassen. Die Masse dann durch ein grobes Sieb streichen und das Mus noch einmal kurz aufkochen. Nach der Gelierprobe heiß in Gläser füllen, fest verschließen und kopfüber zum Abkühlen aufstellen.

500 g Hagebutten,
500 g Äpfel,
300 ml Rotwein,
500 g Gelierzucker 2:1

Rosenblütengelee

Rosenblätter vom Blütenboden lösen und sauber verlesen, mit dem Wein etwa 24 Stunden stehen lassen und dann durch ein Tuch gießen. Mit dem Gelierzucker aufkochen lassen, dann nochmals 4 Min. köcheln, den Rosenlikör zugeben – zur Verfeinerung – und sofort heiß in Gläser füllen, fest verschließen und kopfüber zum Abkühlen aufstellen.Wer möchte, kann auch Gelierzucker 3:1 verarbeiten. Bei dieser Variante kommt der Geschmack von Rosen und Wein kräftiger zur Geltung.

Zutaten:
600 g Rosenblüten (Kartoffelrosen),
600 ml Wein (Rotwein für rote Blüten und Weißwein für weiße Blüten),
2 cl Rosenlikör,
300 g Gelierzucker 2:1

Heidelbeere
(Vaccinium myrtillus)

Dieser sommergrüne meist bis 50 cm hohe Strauch ist bei uns überall zu fin- den, besonders in lichten Misch- und Nadelwäldern. Die Blüte im Frühjahr er- folgt fast unscheinbar, erst im Sommer von Juli – Sep- tember werden die blauen Früchte wahrgenommen und auch gern gesammelt. Die wild wachsen- den Beeren müssen vor dem Genuss und der Verarbeitung unbedingt gründlich gewaschen werden. Damit werden Über- tragungen von Krankheiten vermieden. Die Bee- ren beinhalten etwa 50 mg Vitamin C / 100 g Frucht und Fruchtzucker sowie Calcium, Gerbstoffe, Mineralstoffe, Vitamin A und B.

Heidelbeerkonfitüre

Heidelbeeren gründlich waschen und gut abtropfen lassen. 500 g mit einem Stampfer zerdrücken, dann die restlichen Beeren und den Gelierzucker untermischen. 6 Stunden durchziehen lassen. Dann Zitronensaft zugeben und aufkochen, danach 3 Min. sprudelnd kochen. Gelierprobe machen. Heiß in Gläser füllen, fest verschließen und kopfüber zum Abkühlen aufstellen.

Zutaten:
1000 g Heidelbeeren,
1000 g Gelierzucker 1:1,
Saft einer Zitrone

Heidelbeer-Apfel-Konfitüre

Äpfel waschen, Kerngehäuse entfernen und in kleine Würfel schneiden, gemeinsam mit dem Apfelsaft 8–10 Min. weich kochen. Danach durch ein grobes Sieb streichen und davon 750 g Mus abwiegen. Heidelbeeren verlesen, gründlich waschen und gut abtropfen lassen, gemeinsam mit dem Gelierzucker und dem Apfelmus aufkochen, gelegentlich rühren und etwa 4 Min. sprudelnd unter ständigem Rühren kochen lassen. Nach der Gelierprobe sofort heiß in Gläser füllen, gut verschließen und kopfüber zum Abkühlen aufstellen.

250 g Heidelbeeren,
150 ml Apfelsaft,
750 g Äpfel,
500 g Gelierzucker 2:1,
1 TL gemahlenen Zimt

Herlitze *(Cornus mas)*

Herlitze, Kornelkirsche, Dirndl – das sind nur einige der regional unterschiedlichen Namen. Der Strauch wird bis 6 m hoch. Im Frühjahr zeigt er sich reich gelb blühend, dann bilden sich länglich ovale, kirschengroße Früchte. Erst sind sie grün und später tief rot – die Form ist Oliven ähnlich. Der Fruchtsaft ist intensiv färbend! Nur dunkelrote reife Früchte kommen in das Sammelgefäß. Die Ernte zieht sich meist über mehrere Wochen hin und beginnt im September. Reife Früchte fallen sehr schnell zu Boden. Sie haben einen angenehmen fruchtig-säuerlichen Geschmack, beinhalten 70-90 mg Vitamin C/100g Frucht, Zucker 7-15 % sowie organische Säuren und Pektin, Duft- und Farbstoffe.

Kornelkirschenmarmelade

Kornelkirschen vorsichtig waschen, abtropfen lassen und mit wenig Wasser zu Mus kochen. Früchte dabei ein wenig zerdrücken – bei richtig reifen Früchten nicht nötig. Durch ein grobes Sieb streichen und dabei die Kerne entfernen. 750g Kornelkirschenmus mit der zerkleinerten Banane und dem Gelierzucker aufkochen, 3 Min. unter Rühren sprudelnd kochen lassen. Nach der Gelierprobe heiß in Gläser füllen, fest verschließen und kopfüber zum Abkühlen aufstellen.

Zutaten:
1300 g Kornelkirschen,
100 g Banane,
400 g Gelierzucker 3:1,
Wasser

Kornelkirschenmarmelade nach Hildegard von Bingen

Kornelkirschen waschen und gut abtropfen lassen. Topfboden fingerdick mit Wasser bedecken, Kornelkirschen dazugeben und abgedeckt langsam weich kochen bis die Früchte platzen. Masse durch ein grobes Sieb streichen, um die Kerne vom Fruchtbrei zu trennen. Fruchtmus abwiegen, Gelierzucker (Hälfte vom Gewicht) zugeben und nochmals etwa 8 Min. kochen lassen. Nach Wunsch gemahlenen Zimt zugeben. Gelierprobe machen, dann heiß in Gläser füllen, fest verschließen und kopfüber zum Abkühlen aufstellen.

Kornelkirschen,
Gelierzucker 2:1,
1 Msp Zimt,
Wasser

Himbeere *(Rubus idaeus)*

An Waldrändern, Lichtungen und auf Böschungen wächst diese sommergrüne Pflanze. Die einzelnen Ruten werden 1,5 bis 3 m lang. Ab Ende Juli
bis Anfang September können die laufend nachreifenden rot leuchtenden
Früchte geerntet werden. Sie beinhalten 25 mg Vitamin C / 100 g Frucht
und sind sehr Calciumreich mit 40 mg/100 g Frucht und weisen auch
Proteine auf.

Himbeerkonfitüre

Himbeeren waschen, abtropfen lassen, mit Gelierzucker vermischen und 24 Stunden zugedeckt stehen lassen. Danach Zitronensaft zugeben und unter ständigem Rühren zum Kochen bringen, 3 Min. sprudelnd kochen. Nach der Gelierprobe den Himbeergeist zugeben und sofort heiß in Gläser füllen, fest verschließen und kopfüber zum Abkühlen aufstellen.

TIPP: Der Fruchtbrei kann auch durch ein Sieb passiert werden, damit die kleinen harten Kerne nicht in der Konfitüre sind.

Zutaten:
1000 g Himbeeren,
500 g Gelierzucker 2:1,
Saft einer Zitrone,
2 EL Himbeergeist

Himbeer-Apfel-Konfitüre

Himbeeren waschen, verlesen, gut abtropfen lassen. Äpfel waschen, Blüten und Stiele entfernen, vierteln, Kerngehäuse entfernen und in kleine Stücke schneiden. Zitronen rollen, damit sie den Saft gut abgeben und auspressen, Saft bereitstellen.
Früchte in einen Topf geben, mit dem Saft der Zitronen beträufeln und zum Saftziehen etwa 30 Min. stehen lassen.
Dann mit dem Gelierzucker aufkochen und weitere 4 Min. sprudelnd kochen lassen. Nach der Gelierprobe heiß in Gläser füllen, fest verschließen und kopfüber zum Abkühlen aufstellen.

500 g Himbeeren,
500 g Äpfel,
500 g Gelierzucker 2:1,
2 Zitronen,
2 TL Zimt

Himbeergelee

Zutaten: 1200 g Himbeeren, 500 g Gelierzucker 2:1, 500 ml Wasser

Himbeeren waschen und verlesen, mit dem Wasser kochen und Saft gewinnen. 750 ml Saft abmessen und mit 500 g Gelierzucker aufkochen, dann 4 Min. sprudelnd kochen lassen.

Nach Gelierprobe heiß in Gläser füllen, fest verschließen und kopfüber zum Abkühlen aufstellen.

Himbeergelee mit Zitrone

Zutaten: 1200 g Himbeeren, 500 g Gelierzucker 2:1, 1 Zitrone, 500 ml Wasser

Himbeeren waschen, gut abtropfen lassen, im Wasser kochen und den Saft gewinnen. Saft der Zitrone bereitstellen.

Den Himbeersaft (750 ml abmessen) mit 500 g Gelierzucker und Zitronensaft mischen, zum Kochen bringen. 4 Min. sprudelnd kochen lassen. Gelierprobe machen, dann heiß in Gläser füllen, fest verschließen und kopfüber zum Abkühlen aufstellen.

Holunder *(Sambuccus spec.)*

Wir unterscheiden dabei zwischen dem allseits bekannten Schwarzen Holunder (Sambuccus nigra) und seinem Bruder vom Waldrand, auch auf Lichtungen stehend, dem Roten- oder Hirschholunder (Sambuccus racemosa).

Der Schwarze Holunder gilt als Kulturfolger. Fast überall in Mitteleuropa, wo menschliche Ansiedlungen nachweisbar sind, wächst auch der Schwarze Holunder. Meistens bei Stallungen und Scheunen, Hecken und auch gern in der Nähe von Lichtmasten (Vögel verbreiten die Samen). Ab Anfang September werden die voll blauschwarzen Beeren gesammelt.

ACHTUNG – Beeren immer voll ausgereift ernten und nur den Saft, niemals die Kerne verwenden. Das gilt für beide Holunderarten, denn sie sind in größeren Mengen giftig.

Die Beeren des Schwarzen Holunder beinhalten 18 mg Vitamin C auf 100 g frische Frucht und auch die Vitamine B1 und B2. Außerdem Karotin, Natrium, 305 mg Kalium, 35 mg Calcium und 57 mg Phosphor je 100 g Frucht. Im Roten Holunder sind 20 mg Vitamin C/100 g Frucht, Fruchtzucker und organische Säuren enthalten.

Holunderblütengelee a`la Marlies

Holunderblüten nur bei trockenem, schönem Wetter sammeln, nicht drücken aber leicht ausschütteln, damit anhaftende Insekten abfallen. Blüten mit Läusebefall scheiden generell aus. Den 10 Liter Eimer zur Hälfte mit Blüten füllen und den Apfelsaft darüber gießen. 1 Tag abgedeckt stehen lassen. Den Sud abseihen und 1200 ml davon mit 500 g Gelierzucker aufkochen. Danach nochmals 4 Min. köcheln lassen. Nach der Gelierprobe sofort heiß in Gläser füllen, fest verschließen und kopfüber zum Abkühlen aufstellen. Den restlichen Sud in gleicher Menge verarbeiten

Zutaten:
5 Liter Blüten vom Schwarzen Holunder,
4500 ml naturtrüber Apfelsaft,
Gelierzucker 3:1

Holunderblüten-Apfel-Gelee

Blütenstände sammeln, gut abschütteln und von größeren Stängeln befreien. Mit dem Apfelsaft in einen Topf geben, Zitronenhälfte in Scheiben geschnitten dazu, 24 Stunden stehen lassen, ab und zu umrühren. Danach alles durch ein geeignetes Tuch seihen, mit dem Gelierzucker im Topf vermischen, aufkochen und dann 3 Min. sprudelnd köcheln lassen. Gelierprobe machen, heiß in Gläser füllen, fest verschließen und kopfüber zum Abkühlen aufstellen.

30 Blüten vom Schwarzen Holunder,
1500 ml naturtrüber Apfelsaft,
½ Zitrone,
1000 g Gelierzucker 2:1

Holunder-Weißdorn-Marmelade

Holunderbeeren waschen, abtropfen lassen und mit etwas Wasser bedeckt aufkochen. Mit den Weißdornfrüchten ebenso verfahren. Beide Sorten Mus durch ein Sieb passieren und abwiegen, mit der 2:1 Menge Gelierzucker nochmals 3 Min. aufkochen, gut umrühren. Gelierprobe machen, dann heiß in Gläser füllen, fest verschließen und kopfüber zum Abkühlen aufstellen.

Zutaten:
1000 g Holunderbeeren,
1500 g Weißdornfrüchte,
Wasser,
1250 g Gelierzucker 2:1

Holunder-Apfel-Marmelade

Vollreife Holunderbeeren auslesen, waschen und gut abtropfen lassen und mit etwas Wasser bedeckt aufkochen. Mus durch ein Sieb streichen. Äpfel waschen, abtropfen lassen und in kleine Würfel schneiden. Mit dem Mus im Mixer/Küchenmaschine pürieren, mit Gelierzucker und dem Saft einer Zitrone verrühren und aufkochen, 3 Min. sprudelnd kochen lassen. Nach der Gelierprobe heiß in Gläser füllen, fest verschließen und kopfüber zum Abkühlen aufstellen.

500 g Holunderbeeren,
500 g Apfel,
500 g Gelierzucker 2:1,
1 Zitrone

Holunder-Pflaumen-Marmelade

Holunderbeeren auslesen, waschen, gut abtropfen lassen und mit etwas Wasser bedeckt kochen. Das Mus durch ein Sieb streichen. Pflaumen waschen, abtrocknen und entsteinen. Alles im Mixer/Küchenmaschine pürieren, mit Gelierzucker und dem Saft der Zitrone aufkochen, 3 Min. sprudelnd kochen lassen. Gelierprobe machen, danach sofort heiß in Gläser füllen, fest verschließen und kopfüber zum Abkühlen aufstellen.

500 g Holunderbeeren,
500 g Pflaumen
(entsteint),
500 g Gelierzucker 2:1,
Saft einer Zitrone

Holunder-Birnen-Marmelade

Vollreife Holunderbeeren auslesen, waschen, gut abtropfen lassen und mit etwas Wasser bedeckt weich kochen. Das Mus durch ein Sieb streichen. Birnen waschen, gut abtropfen lassen und in kleine Würfel schneiden. Alles im Mixer/Küchenmaschine pürieren, mit Gelierzucker und dem Saft einer Zitrone aufkochen, 3 Min. sprudelnd kochen lassen. Nach der Gelierprobe sofort heiß in Gläser füllen, fest verschließen und kopfüber zum Abkühlen aufstellen.

Zutaten:
600 g Holunderbeeren,
400 g Birnen,
500 g Gelierzucker 2:1,
1 Zitrone

Holunderbeerkonfitüre

Holunderbeeren von den Stielen trennen, waschen, gut abgetropft in einen Topf füllen und im Wasser weich kochen. Dann durch ein Sieb streichen. Mit Gelierzucker und der Zimtstange wieder zum Kochen bringen, 4 Min. sprudelnd aufkochen lassen – Rühren nicht vergessen. Zimtstange danach herausnehmen. Gelierprobe machen, heiß in Gläser füllen, fest verschließen und kopfüber zum Abkühlen aufstellen.

1000 g Holunderbeeren,
600 g Gelierzucker 2:1,
5 g Zitronensäure,
3 cm Zimtstange,
200 ml Wasser

Holundergelee

Holunderbeeren von den Dolden lösen, Stielchen entfernen, waschen, gut abtropfen lassen. Beeren mit etwas Wasser kochen und Saft gewinnen. 1000 ml Saft abmessen, mit Gelierzucker und Zitronensaft in einen Topf geben und gut durchrühren. Kräftig aufkochen und danach 4 Min. sprudelnd kochen lassen. Gelierprobe machen, heiß in Gläser füllen, fest verschließen und kopfüber abkühlen lassen.

1000 ml Holundersaft,
670 g Gelierzucker 2:1,
1 Zitrone,
Wasser

Holunder-Apfel-Gelee

Zitrone auspressen und Saft bereitstellen. Holunder- und Apfelsaft abmessen, in einen Topf geben, Gelierzucker und Zitronensaft dazu – gut durchrühren, aufkochen und dann noch mal 4 Min. sprudelnd kochen lassen. Nach der Gelierprobe heiß in Gläser füllen, fest verschließen und kopfüber zum Abkühlen aufstellen.

Zutaten:
1000 ml Holundersaft,
400 ml Apfelsaft,
500 g Gelierzucker 2:1,
1 Zitrone,
Wasser

Holunder–Birnen–Ebereschen-Konfitüre

Holunderbeeren von den Dolden zupfen, waschen, Stielchen entfernen, gut abtropfen lassen und mit etwas Wasser weich kochen. Mus durch ein Sieb streichen. Vogelbeeren (Eberesche) auslesen, waschen und gut abtropfen lassen. Birnen waschen, schälen, vierteln, Kerngehäuse entfernen. Zitrone auspressen und Saft bereitstellen. Früchte und Mus nach und nach in einen Topf geben (Birnen zuletzt) und dabei mit Stampfer leicht zerdrücken, Zitronensaft und Wasser zugeben. Alles unter Rühren aufkochen lassen, dann 4 Min. sprudelnd kochen. Gelierprobe machen, heiß in Gläser füllen, fest verschließen und kopfüber zum Abkühlen aufstellen.

500 g Holunderbeeren,
400 g Birnen,
100 g Vogelbeeren,
500 g Gelierzucker 2:1,
1 Zitrone,
1 Tasse Wasser

Roter Holunder-Apfel-Marmelade
Zutaten:
500 g Rote Holunderbeeren,
600 g Äpfel,
2 Zitronen,
500 g Gelierzucker 2:1, Wasser

Holunder (nur reife und richtig rot gefärbte Früchte verwenden) von den Dolden zupfen, waschen, gut abtropfen lassen und mit etwas Wasser weich kochen.
Das Mus durch ein Sieb streichen. Äpfel schälen, vierteln, bei Bedarf Kerngehäuse entfernen, mit etwas Wasser weich kochen. Beide Fruchtmassen mischen, mit dem Gelierzucker und dem Saft von beiden Zitronen aufkochen und etwa 3 Min sprudelnd kochen lassen. Nach der Gelierprobe heiß in Gläser füllen, fest verschließen und kopfüber zum Abkühlen aufstellen.

Johannisbeere *(Ribes sanguineum)*

Es gibt schwarze, rote, weiße und Blutjohannisbeeren. Bei der Verarbeitung von Wildfrüchten wird aber nur von der Blutjohannisbeere gesprochen. Aus den Früchten der anderen Kulturarten können ebenfalls leckere Marmeladen hergestellt werden.

Blutjohannisbeere (*Ribes sanguineum*) Vor der Laubentwicklung im zeitigen Frühjahr erscheinen zuerst die meist roten Blütentrauben.
Daraus entstehen blauschwarze mit deutlich blauem `Reif` überzogene, etwa 1 cm dicke Früchte.
Wenn man vor einer Blutjohannisbeere steht, riecht man den zarten Duft der Schwarzen Johannisbeere. Nur vollreife Früchte werden geerntet, sie hängen ebenso wie die Kultursorten in Rispen am Strauch.
Sie enthalten Vitamin C, Zitronensäure, Pektine, Anthocyane und auch Flavonide.
Aber nicht zu lange mit der Ernte warten, denn auch die Amseln finden diese Beeren besonders lecker und räumen den Strauch leer.

Blutjohannisbeermarmelade / 1. Variante

Beeren waschen und abtropfen lassen, mit gleicher Menge Gelierzucker und dem Zitronensaft in einen Topf geben, 10 Min. köcheln lassen. Dann im Topf zerquetschen oder pürieren, 3 Min. sprudelnd kochen lassen. Gelierprobe machen, Marmelade heiß in Gläser füllen, verschließen und kopfüber zum Abkühlen aufstellen.

Zutaten:
1000 g Blutjohannis-
beeren,
500 g Gelierzucker 2:1,
1 EL Zitronensaft

Blutjohannisbeermarmelade / 2. Variante

Früchte auslesen, waschen, gut abtropfen lassen, im Topf zerstampfen. Gelierzucker, Wasser und Zitronensaft dazugeben, aufkochen lassen und ständig rühren. Früchte gut gar kochen und dabei das Wasser verkochen lassen. Gelierprobe nach ca. 8 Min. machen, Marmelade heiß in Gläser füllen, verschließen und kopfüber zum Abkühlen aufstellen.

1200 g Blutjohannis-
beeren,
400 g Gelierzucker 3:1;
2 EL Zitronensaft,
50 ml Wasser

Blutjohannisbeermarmelade mit `Schwips`

Früchte waschen, auslesen, abtropfen lassen, im Topf leicht zerdrücken. Gelierzucker und Zitronensaft dazugeben, 8 Min. aufkochen lassen, öfter Abschäumen. Nach der Gelierprobe den Likör unterrühren. Danach heiß in Gläser füllen, fest verschließen und zum Abkühlen kopfüber aufstellen.

1200 g Blutjohannis-
beeren,
600 g Gelierzucker 2:1,
Saft einer halben Zitrone,
4 cl Johannisbeerlikör

Kirsche
(Prunus avium)

Die Wild- oder Vogelkirsche, im Wuchs und Aussehen ihrer Kulturform sehr ähnlich, erblüht im April – Mai in weißer Blütenpracht. Da macht das Sammeln für Blütengelee richtig Spaß.

Die Bäume können bei uns bis zu 25 m hoch werden. Die Ernte der nur 1 cm kleinen Früchte im Juli – August erfordert schon mehr Ausdauer. Der Lohn ist eine nicht alltägliche leckere Fruchtmarmelade.

Die Früchte müssen wirklich richtig ausgereift sein und eine rote bis fast schwarze Ausfärbung haben. Sie besitzen, im Gegensatz zu den Kulturkirschen, nur relativ wenig Fruchtfleisch und das schmeckt fruchtig-herb, für manchen Geschmack auch säuerlich. Neben Vitamin C sind Fruchtsäuren, Fruchtzucker und auch Mineralstoffe enthalten.

Wildkirschblütengelee

Kirschblüten abspülen und in 750 ml Wasser über Nacht stehen lassen, Blüten entfernen und den Saft mit dem Gelierzucker und dem Zitronensaft köcheln, aufkochen lassen, Gelierprobe machen. Kirschlikör zugeben und gut umrühren, dann heiß in Gläser füllen und diese kopfüber zum Abkühlen aufstellen.

Zutaten:
400 g Wildkirschen-
blüten,
750 ml Wasser,
500 g Gelierzucker 2:1, 2
EL Zitronensaft,
4 cl Kirschlikör

Wildkirschenmarmelade

Kirschen küchenfertig vorbereiten, gut waschen, abtropfen lassen. In wenig Wasser weich köcheln bis sich die Kerne herauslösen. Masse durch ein grobes Sieb streichen, bis alle Kerne entfernt sind. Das Mus mit dem Gelierzucker mischen und 5 Min. sprudelnd aufkochen. Nach der Gelierprobe heiß in Gläser füllen, fest verschließen und kopfüber zum Abkühlen aufstellen

500 g Wildkirschen,
250 g Gelierzucker 2:1,
Wasser

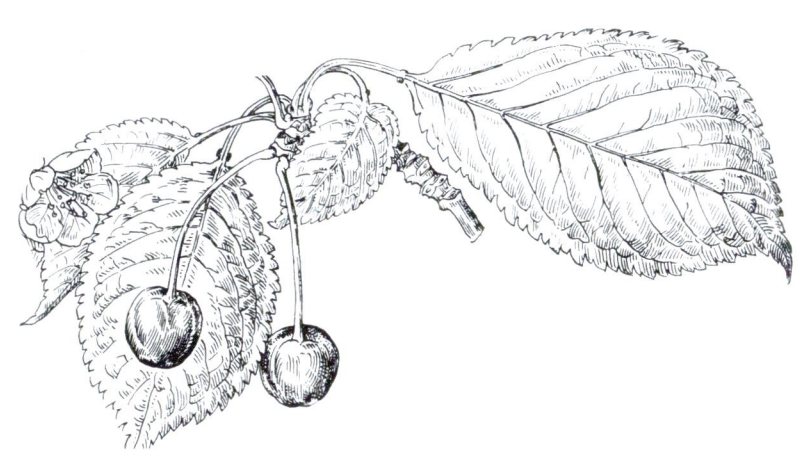

Mahonie *(Mahonia aquifolium)*

Die Mahonie findet man in Vorgärten, Parks und öffentlichen Grünanlagen. Sie blüht von Anfang April bis Mitte Mai mit leuchtend gelben aufrecht stehenden rispenartigen Blüten. Dieser immergrüne Strauch hat relativ derbe Blätter, die am Rande gezähnt sind.

Die Sträucher werden etwa 1 m hoch und stehen am besten in Gruppen, denn dort kommen sie voll zur Wirkung.
Die Pflanzen vertragen den Rückschnitt gut und sind deshalb für niedrige Hecken geeignet.

Etwa ab August finden wir an den Sträuchern die blauen kugeligen deutlich bereiften Beeren.

Diese Pflanze brachte David Douglas 1826 von Nordamerika nach England und sie wurde nach dem amerikanischen Gärtner und Botaniker MacMahon benannt.

Es dürfen nur vollreife Früchte verwendet werden, weil sie Gerbstoffe – ähnlich wie Preiselbeeren – enthalten. Sie eignen sich deshalb gut für herbsäuerliches Gelee, Marmelade, Konfitüre und als nicht alltägliche Beilage besonders zu Wild.

Zur Saftgewinnung werden größere Mengen Früchte benötigt, weil sie nicht so ergiebig sind.
Der Saft ist vitaminreich und enthält im Verhältnis zu anderen Früchten reichlich Fruchtsäure.

Mahonienblütengelee

Mahonienblüten sauber verlesen und im Wasser etwa 24 Stunden ziehen lassen. Danach durch ein Tuch gießen und den Sud mit dem Gelierzucker kurz aufkochen. Den Zitronensaft zugeben und etwa 4 Min. köcheln lassen. Gelierprobe machen, heiß in Gläser füllen, sofort fest verschließen und kopfüber zum Abkühlen aufstellen.

Zutaten:
200 g Mahonienblüten,
500 g Gelierzucker 2:1,
1 EL Zitronensaft,
700 ml Wasser

Mahoniengelee

Mahonienbeeren waschen, gut abtropfen lassen, mit wenig Wasser weich kochen, durch ein Sieb abseihen. 250 ml Saft abmessen, mit Gelierzucker, Nelken, Zitronensaft gut vermischen und 4 Min. sprudelnd aufkochen lassen. Nach der Gelierprobe bei Bedarf den Apfellikör dazugeben, heiß in Gläser füllen, fest verschließen und kopfüber zum Abkühlen aufstellen.

600 g Mahonienbeeren,
125 g Gelierzucker 2:1,
3 Nelken,
2 cl Apfellikör,
1 EL Zitronensaft,
Wasser

Mahonien-Apfel-Gelee

Mahonienbeeren waschen, gut abtropfen lassen, mit wenig Wasser weich kochen und Saft durch ein feines Sieb ablaufen lassen. Mit Apfelsaft und Gelierzucker mischen, unter Rühren zum Kochen bringen. 2 Min. sprudelnd kochen lassen. Nach der Gelierprobe sofort heiß in Gläser füllen, fest verschließen und kopfüber zum Abkühlen aufstellen.

300 g Mahonien
(ca. 150 ml Saft),
500 ml Apfelsaft,
500 g Gelierzucker 2:1

Rezepte

Mahonien-Quitten-Gelee

Mahonienbeeren waschen, von Stielchen befrei-
en und gut abtropfen lassen, mit wenig Wasser
weich kochen, zerdrücken und Saft gewinnen.
Quitten waschen, abtupfen, vierteln, Kerngehäuse entfernen, mit Wasser bedeckt 20 Min. weich
kochen und passieren.

Beides abwiegen, Gelierzuckermenge entspricht
mindestens der Hälfte des Gewichts. Fruchtmassen gemeinsam mit Sternanis aufkochen, Gelierzucker zugeben und weitere 3 Min. sprudelnd
kochen lassen. Sternanis wieder entfernen;
Gelierprobe machen. Dann heiß in Gläser füllen,
fest verschließen und kopfüber zum Abkühlen
aufstellen.

Zutaten:
250 g Mahonienbeeren,
250 g Quitten,
1 Sternanis,
350 g Gelierzucker 2:1,
Wasser

Maulbeere *(Morus spec.)*

Einzelne ganz alte Bäume der Weißen Maulbeere stammen noch aus der Zeit, als auch bei uns versucht wurde, Seidenraupen zu züchten. Dafür ist das Laub dieses Gehölzes unentbehrlich. Die Blüten sind fast unscheinbar, aber die ausgereiften Früchte weckten unser Interesse. Sie sind weiß, seltener etwas rötlich färbend und haben etwa die Größe von ausgereiften Brombeeren. Die Reife der Früchte setzt meist Mitte Juli ein und dauert etwa vier Wochen. Wenn Vögel die reifen Beeren entdecken, werden sie gern als Nahrung aufgenommen. Dann fallen sie auch leicht zu Boden.

Die Früchte enthalten Vitamin C und auch Karotin in nennenswerten Mengen. Der Gehalt an Fruchtzucker und auch an Fruchtsäuren wird mit `wenig` angegeben, aber Mineralien sind enthalten. Die süßen Früchte schmecken auch roh.

Maulbeermarmelade

Maulbeeren von den Stielen befreien, waschen, abtropfen lassen und mit etwas Wasser eben bedeckt weich kochen. Dann durch ein Sieb streichen, Fruchtmasse mit dem Gelierzucker nochmals aufkochen, etwa 3 Min. sprudelnd kochen. Nach der Gelierprobe heiß in Gläser füllen, fest verschließen und kopfüber zum Abkühlen aufstellen.

Zutaten:
500 g Maulbeeren,
250 g Gelierzucker 2:1,
Wasser

Mehlbeere *(Sorbus aria)*

Sie hat kleine orangerote bis rote, dem Apfel ähnelnde Früchte. Sie sind aber nur etwa 1,5 cm groß und haben mehliges Fruchtfleisch – daher der Name. Mehlbeeren werden erst nach dem Frost süßlich und genießbar, bis dahin sind sie trocken und bitter. Sie wurden früher zerrieben oder gemahlen und als Mehlersatz verwendet.

Sie enthalten Vitamin C, Mineralien und Gerbsäuren, ebenso Sorbinsäure und 0,2 – 0,3 % Parasorbinsäure. Früher wurden sie auch als Sorbitersatz verwendet.

Die Früchte der bis 12 m hohen Bäume kann man nur aufsammeln. Einfacher ist es, wenn man weiß, wo junge Bäume oder Großsträucher mit Früchten in erreichbarer Höhe stehen.
Sie werden gern in Kombination mit Äpfeln oder Hagebutten zu Marmelade verarbeitet.

Mehlbeerblütengelee

Mehlbeerblüten sauber verlesen und im Wasser 24 Stunden ziehen lassen. Danach durch ein Tuch abseihen und den Sud mit dem Gelierzucker aufkochen, Zitronensaft einrühren und nochmals 4 Min. köcheln lassen. Gelierprobe machen, heiß in Gläser füllen, fest verschließen und kopfüber zum Abkühlen aufstellen.

Zutaten:
400 g Mehlbeerblüten,
700 ml Wasser,
500 g Gelierzucker 2:1,
1 EL Zitronensaft,

Mehlbeermus

Mehlbeeren verlesen, waschen, gut abtropfen lassen. Äpfel und Birnen küchenfertig in kleine Würfel schneiden. Die Hälfte des Gelierzuckers mit den Früchten mischen und 3–4 Stunden stehen lassen.
Alles zusammen mit dem restlichen Gelierzucker bei kleiner Hitze und Rühren aufkochen. Nach der Gelierprobe heiß in Gläser füllen, fest verschließen und kopfüber Abkühlen lassen.

1000 g Mehlbeeren,
500 g Äpfel,
500 g Birnen,
1000 g Gelierzucker 2:1

Mehlbeeren-Berberitzen-Zwetschgen-Marmelade

Mehlbeeren waschen, gut abtropfen lassen, in 250 ml Wasser weich kochen und passieren. Berberitzen waschen und gut abtropfen lassen, entstielen, leicht zerquetschen, mit 100 ml Wasser weich kochen und danach passieren. Zwetschgen waschen und abtropfen lassen, auch Entsteinen, mit 100 ml Wasser weich kochen, passieren. Alle drei Fruchtmassen in einen Topf geben und etwa 15 Min. kochen. Gelierzucker zugeben und ständig rührend etwa 4 Min. sprudelnd kochen lassen. Gelierprobe machen. Heiß in Gläser füllen, fest verschließen und kopfüber zum Abkühlen aufstellen.

900 g Mehlbeeren,
250 g Berberitzen,
600 g Zwetschgen,
1000 g Gelierzucker 2:1,
450 ml Wasser

Mirabelle *(Prunus domestica ssp. syriaca)*

Die kleinen kugeligen Früchte gehören zu den Pflaumen. Sie sind außen meist gelb und zeigen rote Bäckchen. Das Fruchtfleisch ist gelb, relativ süß, aber fest. Spillinge (P. domestica ssp.insititia) gehören ebenfalls zu den Pflaumen und haben regional unterschiedliche Namen. Das Fruchtfleisch ist ebenfalls gelb, die Färbung auch, aber sie sind kleiner. Sie sind früher Erntereif.

Mirabellenkonfitüre
Zutaten: 1000 g entsteinte Mirabellen, 500 g Gelierzucker 2:1,
4 EL Mirabellengeist
Mirabellen waschen, abtrocknen und entsteinen, grob würfeln und den Gelierzucker zugeben. 4 Stunden durchziehen lassen, alles aufkochen und 3 Min. sprudelnd kochen lassen. Nach der Gelierprobe den Mirabellengeist zugeben, sofort heiß in Gläser füllen, fest verschließen und kopfüber zum Abkühlen aufstellen.

Mirabellenmarmelade
Zutaten: 2000 g Mirabellen, 1000 g Gelierzucker 2:1, 1 Zitrone,
10 g Zitronensäure
Mirabellen waschen, gut abtropfen lassen und entsteinen, halbieren. Menge abwiegen, in einen Topf geben und den Saft der Zitrone hinein träufeln, Gelierzucker darauf streuen. Alles unter Rühren aufkochen und dann weitere 4 Min. sprudelnd kochen lassen. Gelierprobe machen. Heiß in Gläser füllen, fest verschließen und kopfüber zum Abkühlen aufstellen.

Mirabellen-Pflaumen-Marmelade
Zutaten: 500 g Mirabellen, 500 g Pflaumen, 500 g Gelierzucker 2:1
Mirabellen und Pflaumen gründlich waschen, abtrocknen, entsteinen und jeweils 500g abwiegen. Mit Küchenmaschine gut pürieren und Gelierzucker dazugeben. Alles unter Rühren aufkochen, dann 3 Min. sprudelnd kochen lassen. Nach der Gelierprobe heiß in Gläser füllen, fest verschließen und kopfüber zum Abkühlen aufstellen.

Spillinge-Marmelade mit Ingwer-Thymian

Spillinge waschen, gut abtropfen lassen und entkernen, abwiegen.

Thymian waschen, gut trocken tupfen und ohne harte Teile fein schneiden.

Ingwer schälen, in feine ganz kleine Stückchen schneiden oder raspeln.

Die entkernten Spillinge und alle weiteren Zutaten in den Topf geben, umrühren und dabei die Früchte leicht zerstampfen, 2 Std. ziehen lassen. Dann alles aufkochen und 4 Min. sprudelnd kochen lassen. Gelierprobe machen, heiß in Gläser füllen, fest verschließen und kopfüber kurz zum Abkühlen aufstellen. Vorsichtig umdrehen, damit die Zutaten gut im Glas verteilt werden und nicht nur am Boden liegen.

Zutaten:
1000 g Spillinge,
500 g Gelierzucker 2:1,
5 g Zitronensäure,
3 Msp. Zimt,
1 EL Thymian,
1 TL Ingwer

Mispel *(Mespilus germanica)*

Dieser Baum oder Strauch ist in nördlichen Regionen selten zu finden. Im Mai – Juni zeigen sich große weiße Blüten, die sehr dekorativ sind. Die Früchte sind zur Erntezeit braun gefärbt, etwa Walnuss groß, im Durchmesse 2-6 cm. Die apfelförmigen, deutlich behaarten Früchte sind steinhart und haben einen adstringierenden Geschmack. Die Früchte sind erst nach der Frosteinwirkung genießbar. Aber dann werden sie auch schnell teigig und weich. Das Fruchtfleisch schmeckt angenehm säuerlich/aromatisch. Die Reifezeit beginnt oft erst Anfang November.

Vitamin C ist mit 22 – 30 mg auf 100 g enthalten, weiterhin Stärke, Zucker, Pektin und Mineralien.

Mispelmarmelade

Die sehr reifen Mispeln von Stielen und Blütenblättern befreien, halbieren oder vierteln, im Topf mit Wasser weich kochen, anschließend passieren. Gelierzucker und Zimt in den Fruchtbrei mischen und nach dem Aufkochen sprudelnd unter ständigem Umrühren 3 Min. kochen lassen. Gelierprobe machen. Heiß in Gläser füllen, fest verschließen und kopfüber zum Abkühlen aufstellen.

Zutaten:
1000 g Mispeln,
500 g Gelierzucker 2:1,
1 Prise gemahlener Zimt,
100 ml Wasser

Mispelmarmelade mit Zitrone

Die reifen Mispeln von Stielen und Blütenblättern trennen, vierteln und mit Wasser eben bedeckt gar kochen. Ständig umrühren, dabei Fruchtstücke zerdrücken und anschließend durch ein Sieb passieren. Gelierzucker und Zitronensaft zugeben und nochmals 3 Min. aufkochen lassen. Nach der Gelierprobe heiß in Gläser füllen, fest verschließen und kopfüber zum Abkühlen aufstellen.

500 g Mispeln,
250 g Gelierzucker 2:1,
2 EL Zitronensaft,
Wasser

Mispelgelee

Mispeln waschen, abtropfen lassen, Blütensätze entfernen, vierteln, mit dem Wasser langsam ca. 2 Std. auf kleiner Flamme weich köcheln lassen. ABER nicht kochen! Durch ein Sieb oder Tuch abtropfen lassen, am besten über Nacht. Saft abmessen und mit gleicher Menge Gelierzucker einkochen, mit Zitronensäure je nach Geschmack abschmecken, Gelierprobe machen. Heiß in Gläser füllen, fest verschließen und kopfüber zum Abkühlen aufstellen.

1000 g Mispeln,
500 g Gelierzucker 2:1,
200 ml Wasser,
Zitronensäure

Pflaume *(Prunus domestica)*

Pflaume, Zwetsche oder Zwetschge genannt, gehören zu dieser Gruppe.
Die Pflaumen – große Früchte in rundlicher Form, haben weiches Fleisch
und eine Fruchtnaht. Der Kern bleibt am Fruchtfleisch hängen.
Die Zwetschge – länglich-eiförmig, hat ein spitzes Ende, der Stein löst sich
gut vom Fruchtfleisch. Sie hat keine Fruchtnaht.
Die Ernte beginnt je nach Art und Sorte bereits Anfang August und endet
dann Ende September.

Die Früchte schmecken nicht nur süß, sie haben auch einen Zuckergehalt
von rund 13 %; enthalten aber auch viel Kalium und Eisen.

Pflaumenmarmelade / 1. Variante

Pflaumen entsteinen und in kleine Würfel schneiden, Topfboden mit etwas Wasser fingerbreit bedecken. Ingwer schälen, fein reiben und mit den fein gewiegten Walnüssen, Zimt, Kardamom, Gelierzucker und Saft der Zitrone in die Fruchtmasse geben, gut durchrühren. Alles etwa 30 Min. stehen lassen und dann zum Kochen bringen, kräftig umrühren und 5 Min. sprudelnd kochen lassen. Nach der Gelierprobe heiß in Gläser füllen, fest verschließen und zum Abkühlen kopfüber aufstellen.

Zutaten:
1500 g entsteinte Pflaumen,
500 g Gelierzucker 3:1,
100 g Walnüsse,
10 g Ingwer,
1 Zitrone,
1 EL Zimt,
1 EL Kardamom,
Wasser

Pflaumenmarmelade / 2. Variante

Pflaumen waschen, entkernen und in kleine Stücke schneiden, in einen Topf geben. Den Topfboden vorher mit etwas Wasser fingerbreit bedecken. Gelierzucker kräftig einrühren, alles langsam zum Kochen bringen, öfter durchrühren, dann 5 Min. sprudelnd kochen lassen. Vor der Gelierprobe den Saft der Zitrone einrühren. Heiß in Gläser füllen, fest verschließen und zum Abkühlen kopfüber abstellen.

1200 g Pflaumen,
350 g Gelierzucker 2:1,
1 Zitrone,
Wasser

Pflaumenmus

Pflaumen waschen, entkernen und in kleine Stücke schneiden, mit Wasser bedeckt aufkochen, danach pürieren. Gelierzucker und fein gehackte Walnüsse gut einrühren und nochmals aufkochen; dann etwa 8 Min. langsam köcheln lassen – es muss musartig werden, aber nicht zu fest. Nach der Gelierprobe heiß in Gläser füllen, fest verschließen und zum Abkühlen kopfüber aufstellen.

800 g Pflaumen,
400 g Gelierzucker 2:1.
100 g Walnüsse,
Wasser

Quitte *(Cydonia oblonga)* / **Zierquitte** *(Chaenomeles japonica)*

Die großfruchtigen - je nach Fruchtform Birnen- oder Apfelquitte (Cydonia oblonga) genannt - und auch die deutlich kleinfruchtigen Schein- oder Zierquitten (Chaenomeles japonica) kann man zu köstlichem Brotaufstrich verarbeiten.

Die Früchte bitte erst nach den ersten Frösten ernten, sonst sind sie steinhart und schmecken auch nicht. Auch durch wochenlange kühle Lagerung wird die erforderliche Reife erreicht und das intensive Aroma kann sich wirkungsvoll entfalten.
Der an den Früchten haftende Flaum, besonders bei den Apfel- und Birnenquitten, sollte unbedingt kräftig mit einem Tuch abgerieben werden. Geschmacksbeeinträchtigungen werden damit vermieden. Die großfruchtigen Früchte teilen, Kerne und Kerngehäuse entfernen und sofort mit einem in Essig getauchten Tuch abdecken, sonst werden die Fruchtteile braun. Das ist bei den Früchten der Zierquitte nicht erforderlich.

Achtung: Die eng aneinander gepressten Kerne spritzen beim Zerschneiden der Früchte sichtbar heraus und „streuen gut" umher.

Die Früchte der Apfel- oder Birnenquitte können bis zu 500 g schwer werden. Sie enthalten 14 mg Vitamin C/ 100 g Frucht und Mineralstoffe (Kalium, Phosphor, Calcium), Pektin und viel Fruchtsäure.

Die deutlich kleineren Früchte der Zierquitte enthalten mit 100 mg Vitamin C/100 g Frucht deutlich mehr Vitamin C als die großfruchtigen Kultursorten. Dazu kommen 5,5 % Mineralstoffe, sowie Pektin und Weinsäure.

Saftherstellung für Quitten-Ebereschengelee
Ebereschenfrüchte waschen, gut abtropfen lassen, mit wenig Wasser weich kochen und Saft gewinnen, Saftmenge abmessen. Quitten mit Tuch gut abreiben, vierteln und mit wenig Wasser bedeckt weich kochen. Saft gewinnen und Saftmenge abmessen. Laut Rezept verarbeiten.

Zierquitten-Weißdorn-Marmelade

Reife Zierquitten waschen und entkernen, in kleinere Stücke schneiden und in 250 ml Wasser 10 Min. kochen. Danach durch ein Sieb/Flotte Lotte passieren. Weißdornfrüchte ebenso waschen, gut abtropfen lassen, mit 125 ml Wasser 2 Min. kochen und auch ebenso passieren. 600g Mus je Sorte mit Gelierzucker mischen und 5 Min. sprudelnd kochen. Nach Gelierprobe heiß in Gläser füllen, fest verschließen und kopfüber zum Abkühlen aufstellen.

Zutaten:
750 g Zierquitten,
1200 g Weißdornfrüchte,
375 ml Wasser,
1000 g Gelierzucker 2:1

Quitten-Gelee

Quittensaft abmessen und mit dem Gelierzucker aufkochen. 3 Min. sprudelnd kochen lassen. Gelierprobe machen. Heiß in Gläser füllen, fest verschließen und kopfüber zum Abkühlen aufstellen.

1000 ml Quittensaft
(lt. Rezept Saftgewinnung)
500 g Gelierzucker 2:1

Quittengelee mit Birne

Die feinen Härchen von den Quitten abreiben, waschen, Stiel- und Blütensatz entfernen, mit Schale und Kerngehäuse in kleine Stücke schneiden. Die Fruchtstücke knapp mit Wasser bedeckt zum Kochen bringen, weich aber nicht musig kochen. Masse vollständig abkühlen lassen, dann den Saft durch ein Sieb oder durch ein Tuch ablaufen lassen, 500 ml abmessen. Birnen waschen, schälen, Kerngehäuse entfernen und in kleine Stücke schneiden. Quittensaft, Birnenstücke und Gelierzucker gut vermengen und langsam aufkochen. Unter Rühren etwa 4 Min. sprudelnd kochen lassen. Gelierprobe machen. Heiß in Gläser füllen, fest verschließen und kopfüber zum Abkühlen aufstellen.

1000 g Quitten,
250 g Birnen,
500 g Gelierzucker 1:1,
Wasser

Quitten-Ebereschen-Gelee

Die fertigen Säfte abmessen, mit dem Gelierzucker im Topf mischen und aufkochen. 4 Min. sprudelnd kochen lassen. Nach der Gelierprobe heiß in Gläser füllen, fest verschließen und kopfüber zum Abkühlen aufstellen.

Zutaten:
500 ml Quittensaft,
500 ml Ebereschensaft,
750 g Gelierzucker 2:1

Quittenmarmelade

Quitten mit einem Tuch kräftig polieren und alle Härchen entfernen, vierteln, Kerne herauslösen. Im Wasser weich kochen und durch ein Sieb streichen. Mus mit Gelierzucker mischen, aufkochen und 3 Min. sprudelnd kochen lassen. Nach der Gelierprobe heiß in Gläser füllen, fest verschließen, kopfüber zum Abkühlen aufstellen.

1000 g vollreife Quitten,
400 g Gelierzucker 2:1,
200 ml Wasser

Quitten-Apfel-Marmelade

Quitten und Äpfel waschen, gut abtropfen lassen, vierteln und Kerngehäuse entfernen.
Früchte erst getrennt mit Wasser bedeckt weich kochen und passieren. Fruchtmus abwiegen und dann zusammen mit etwas Gelierzucker 5 Min. aufkochen. Zitronensaft und Schale (mit Zesteur fein abgeschält und nochmals fein zerkleinert) dazugeben und mit dem restlichen Gelierzucker 3 Min. sprudelnd kochen lassen. Gelierprobe machen. Heiß in Gläser füllen, fest verschließen und kopfüber zum Abkühlen aufstellen.

500 g Quittenmus,
500 g Apfelmus,
800 g Gelierzucker 2:1,
2 Zitronen,
Wasser

Reneklode *(Prunus domestiva ssp. italica)*

Die Reneklode, auch Reineclaude geschrieben, ist auch als Edelpflaume oder Ringlotte bekannt. Die Frucht ist kugelig mit rötlichem Schimmer. Das Fruchtfleisch hat eine grünlich-weiße Färbung und ist meist fest mit dem Fruchtkern verbunden.

Ein zarter blauer Reif auf der Frucht ist das Zeichen für die beginnende Reife.

Reneklodenmarmelade `beschwipst`

Renekloden waschen, abtropfen lassen und dann entsteinen. Die zerkleinerten Früchte mit dem Gelierzucker mischen, aufkochen, dabei mehrmals kräftig umrühren. Danach weitere 6 Min. köcheln lassen. Nach der Gelierprobe den Likör –je nach Geschmack – zugeben. Heiß in Gläser füllen, sofort verschließen und kopfüber zum Abkühlen aufstellen.

Zutaten:
2000g entsteinte Renekloden,
1000 g Gelierzucker 2:1,
100 ml Marillenbrand/ Aprikosengeist

Reneklodenkonfitüre

Reinekloden waschen, abtrocknen und entsteinen, anschließend in kleine Stücke schneiden und den Gelierzucker untermischen. 12 Stunden ziehen lassen, danach unter ständigem Rühren aufkochen und 3 Min. sprudelnd kochen lassen. Nach der Gelierprobe den Slibowitz unterrühren. Heiß in Gläser füllen, fest verschließen und kopfüber zum Abkühlen aufstellen.

1000 g Renekloden,
500 g Gelierzucker 2:1,
5 EL Slibowitz

Sanddorn *(Hippophae rhamnoides)*

Sandböden und andere leichte Böden mit viel Licht sind beliebte Standorte des Sanddorns, besonders an den Küsten der Nord- und Ostsee. Der Sanddorn gilt als Pionierpflanze zur Befestigung von Böschungen etc., wird aber später durch nachwachsende Gehölze wegen Lichtmangel verdrängt. Die Blüten vom Sanddorn sind unscheinbar, aber die weithin leuchtenden gelb bis orangefarbenen Früchte sind vom Spätsommer bis in den Winter hinein eine Augenweide.

Die Früchte werden vor dem Frost geerntet, meist von Ende August bis Ende September. Beim Ernten kurze Zweigstücke mit Früchten besetzt abschneiden, Dornen und Blätter entfernen.Vorsichtig in ein Gefäß legen und zu Hause im Tiefkühlfach Schockfrosten. Erst danach lassen sich die Beeren von den Zweigen ablösen, die Vitamine bleiben erhalten.

ACHTUNG: Saft ist sehr intensiv färbend!

Die Beeren des Sanddorns enthalten: 260 – 900 mg Vitamin C, 18 - 30 mg Vitamin E, 50 – 250 mg Vitamin P und 0,9 – 18,7 mg Karotin je 100 g Frucht. Diese Werte schwanken je nach Standort deutlich.
Erfreulich ist, dass der Sanddorn derzeit in vielfältigster Art wieder verstärkt in der Ernährungsbranche, in der Medizin und Kosmetik verarbeitet wird.

Weitere Rezepte/Infos im Buch: „Der Sanddorn, Herkunft, Anwendung & Rezepte; Löser, Frank , Demmler Verlag, 2. erg. Auflage 2009

Sanddornkonfitüre - nussig

Sanddornbeeren von den Zweigen trennen, vorsichtig waschen und gut abtropfen lassen. Die Sanddornbeeren so lange im Wasser kochen bis sie aufplatzen. Sehr intensiv färbend!
200 g sehr fein gehackte Walnüsse und den Gelierzucker kräftig in den Fruchtbrei einrühren und langsam aufkochen. Mehrmals umrühren und weitere 4 Min. sprudelnd kochen lassen. Nach der Gelierprobe heiß in Gläser füllen, fest verschließen und kopfüber zum Abkühlen aufstellen.

Zutaten:
1000 g Sanddornbeeren,
500 g Gelierzucker 2:1,
200 g Walnüsse,
400 ml Wasser

Sanddorn-Quitten-Konfitüre

Quitten mit Tuch kräftig abwischen, vierteln, schälen, Kerngehäuse entfernen und in kleine Stücke schneiden. Mit wenig Wasser weich kochen, Menge abwiegen. Sanddorn Schockfrosten, Beeren von den Zweigen lösen, waschen und gut abtropfen lassen. Mit wenig Wasser kochen bis die Beeren platzen, dann durch ein grobes Sieb passieren, Menge abwiegen. 500g Quitten und 500g Sanddornmark mit dem Gelierzucker mischen und aufkochen. Gut umrühren und weiter 4 Min. sprudelnd kochen lassen. Gelierprobe machen, dann heiß in Gläser füllen, fest verschließen und kopfüber zum Abkühlen aufstellen.

Zutaten:
500 g Sanddornmark,
500 g Quitten,
500 g Gelierzucker 2:1,
Wasser

Sanddorn-Gelee

Beeren mit Wasser bedeckt zum Kochen bringen, bis alle aufgeplatzt sind. Saft gewinnen und 750 ml abmessen. Gelierzucker zugeben, gut durchrühren und kurz aufkochen, danach 4 Min. sprudelnd köcheln lassen. Nach Gelierprobe heiß in Gläser füllen, fest verschließen und kopfüber zum Abkühlen aufstellen.

2000 g Sanddornbeeren,
500 g Gelierzucker 2:1,
Wasser

Sanddornmarmelade

Schockgefrostete Sanddornbeeren von den Zweigen lösen, waschen und gut abtropfen lassen. Mit dem Wasser aufkochen bis die Beeren platzen, dann durch ein Sieb passieren. Das Mus mit dem Gelierzucker aufkochen, umrühren und danach 4 Min. sprudelnd kochen. Gelierprobe machen, heiß in Gläser füllen, fest verschließen und kopfüber zum Abkühlen aufstellen.

1000 g Sanddornbeeren,
500 g Gelierzucker 2:1,
100 ml Wasser

Schlehe *(Prunus spinosa)*

Der stark dornige sommergrüne Strauch blüht im Frühjahr weithin sichtbar schneeweiß in Hecken, Waldrändern und auch an Hängen. Aus den Blüten entwickeln sich zuerst grüne Früchte, die später blau werden.

Im Spätherbst, aber erst nach den ersten Frösten (oder einige Tage ins Tiefkühlfach legen), werden die bereiften inzwischen blauschwarzen Steinfrüchte geerntet.
Etwa 50 mg Vitamin C sind in 100 g Frucht enthalten, ebenso organische Säuren, Pektin Fruchtzucker und Mineralien.

Schlehengelee
Zutaten: 1500 ml Schlehensaft, 1000 g Gelierzucker 2:1, Wasser

Schlehen waschen, abtropfen lassen und mit etwas Wasser weich kochen. Saft gewinnen. 1500 ml Schlehensaft abmessen und mit dem Gelierzucker aufkochen. Dann weiter 5 Min. sprudelnd köcheln lassen. Nach der Gelierprobe heiß in Gläser füllen, fest verschließen und kopfüber zum Abkühlen aufstellen.

Schlehenmarmelade

Schlehenfrüchte gut waschen, abtropfen lassen und mit dem Wasser weich kochen. Dann durch ein Sieb passieren (Steine und Fruchtschale werden vom Mus getrennt). Den Brei mit dem Gelierzucker verrühren und kurz aufkochen, dann weitere 3 Min. sprudelnd köcheln lassen. Gelierprobe machen, sofort heiß in Gläser füllen, fest verschließen und kopfüber zum Abkühlen aufstellen.

Zutaten:
1000 g Früchte,
500 g Gelierzucker 2:1,
500 ml Wasser

Schlehenmarmelade mit Apfel

Schlehen waschen und gut abtropfen lassen, mit Wasser bedeckt weich kochen, anschließend durch ein Sieb passieren. 250 g Schlehenmus abmessen, den Gelierzucker und 250 g Apfelmus zugeben. Alles zusammen aufkochen und etwa 4 Min. unter Rühren sprudelnd kochen lassen. Nach der Gelierprobe heiß in Gläser füllen, fest verschließen und kopfüber zum Abkühlen aufstellen.

1000 g Schlehen,
250 g Apfelmus,
500 g Gelierzucker 2:1,
Wasser

Schlehen-Holunder-Gelee

Schlehensaft und Holundersaft gewinnen und nach Rezept abmessen.
Säfte und den Gelierzucker in einen Topf geben und unter Rühren aufkochen lassen, danach 4 Min. sprudelnd köcheln. Gelierprobe machen. Heiß in Gläser füllen, fest verschließen und kopfüber zum Abkühlen aufstellen.

500 ml Schlehensaft,
250 ml Holundersaft,
750 g Gelierzucker 2:1

Traubenkirsche, Späte *(Prunus serotina)*

Die Traubenkirche wächst in Strauch- oder Baumform und wird teilweise bis 10 m hoch. An Waldrändern, Gebüschen und in Auwäldern kann man sie finden.

Die weißen Blüten sind in meist 10- blütigen Trauben von April bis Juni vorhanden. Die Blätter sind breit - lanzettlich und 5-10 cm lang. Sie sind fein und gleichmäßig gezähnt.

Die schwarzen kugeligen bis 1cm großen Früchte haben einen gefurchten giftigen Steinkern und reifen ab Mitte August. Die Traubenkirschen sind ein begehrtes Futter für unsere Wildvögel.

Traubenkirschenblütengelee

Traubenkirschenblüten sauber verlesen und im Weißwein etwa 24 Stunden ziehen lassen. Danach durch ein Tuch gießen und den Sud mit dem Gelierzucker kurz aufkochen. Dann Zitronensaft einrühren und nochmals 4 Min. sprudelnd köcheln lassen. Gelierprobe machen. Heiß in Gläser füllen, fest verschließen und kopfüber zum Abkühlen abstellen

Zutaten:
600 g Traubenkirschen-blüten,
600 ml Weißwein,
400 g Gelierzucker 2:1,
3 EL Zitronensaft

Traubenkirschensaft

Alle Zutaten gut durchkochen bis die Trauben-kirschen aufplatzen, durch ein Sieb/Tuch absei-hen, fest ausdrücken. Den heißen Saft sofort in gut verschließbare Flaschen füllen. Saft kann auch später zu Gelee verarbeitet werden.

2000 g Traubenkirschen,
500 g Zucker,
2000 ml Wasser

Traubenkirschengelee

900 ml Saft mit der Zitronensäure und dem Ge-lierzucker gut verrühren und 5 Min. sprudelnd köcheln lassen. Nach der Gelierprobe heiß in Gläser füllen. Fest verschlossen kopfüber zum Abkühlen aufstellen.

900 ml Traubenkirschen-saft,
500 g Gelierzucker 2:1,
5g Zitronensäure,

Weißdorn *(Craetegus monogyna und C. oxyacantha)*

Die Früchte vom Weißdorn (weiß blühend) und vom Rotdorn (rot blü- hend) kann man im Herbst nicht mehr unterscheiden, sie sind für die Verarbeitung gleichwertig. In allen Regionen, in Hecken und Gebüschen vorkommend; wird aber auch Solitär angepflanzt. Der Weißdorn ist ein Vogelschutzgehölz.

Weißdorn, Hagdorn, Hagedorn, Hageapfel, Mehlbeere, Mehlbaum, Mehl- beerbaum, Mehldorn, Mehlhosen, Mehlfässchen sind die regionalen Be- zeichnungen. Wird regional oft auch mit der Mehlbeere verwechselt!

Die Sträucher und Bäume sind gut mit Dornen besetzt, also Vorsicht bei der Ernte! Sie beginnt etwa Mitte September. Entfernte Ähnlichkeit mit kleinen Hagebutten besteht.

Die Früchte wurden früher zu Mehl verarbeitet oder als Kaffeeersatz gerö- stet. Sie beinhalten Vitamin C, Pektin, Eiweiß und Mineralien.

Weißdornblütengelee

Weißdornblüten sauber verlesen und im Weißwein etwa 24 Stunden ziehen lassen. Danach durch ein Tuch filtern und den Sud mit dem Gelierzucker aufkochen, Zitronensaft zugeben und nochmals 4 Min. köcheln lassen. Nach der Gelierprobe heiß in Gläser füllen, fest verschließen und kopfüber zum Abkühlen aufstellen.

Zutaten:
600 g Weißdornblüten,
600 ml Weißwein,
400 g Gelierzucker 2:1,
3 EL Zitronensaft

Weißdorn-Apfel-Marmelade

Weißdornfrüchte waschen, verlesen, abtropfen lassen. Äpfel waschen, klein schneiden, mit den Beeren, dem Apfelsaft und 1 Esslöffel Zucker weich kochen. Dann alles passieren, das fertige Mus wiegen und die gleiche Menge Gelierzucker dazugeben. Weitere 6 Min. sprudelnd aufkochen, Gelierprobe machen, dann heiß in Gläser füllen, sofort verschließen und kopfüber zum Abkühlen aufstellen.

500 g Weißdornfrüchte,
500 g Äpfel,
100 ml Apfelsaft,
Gelierzucker 2:1,
250 ml Wasser,
1 EL Zucker

Weißdorn-Sanddorn-Marmelade

Mus und Saft abmessen, in einen Topf geben, Zitronensaft und Gelierzucker dazu, aufkochen lassen. Gut durchrühren und nochmals 3 Min. sprudelnd kochen lassen. Nach der Gelierprobe heiß in Gläser füllen, fest verschließen und kopfüber zum Abkühlen aufstellen.

500 g Mus von Weißdornbeeren,
500 ml Sanddornsaft,
500 g Gelierzucker 2:1,
1 Zitrone,
Wasser

Weißdorn-Berberitzen-Holunder-Marmelade

Holunderbeeren waschen, abtropfen lassen und Stielchen entfernen, mit 250 ml Wasser etwa 15 Min. kochen und dann passieren.

Weißdorn waschen, abtropfen lassen. Bei Bedarf Stiele entfernen und mit 200 ml Wasser weich kochen und passieren. Berberitzen waschen, gut abtropfen lassen und mit 250 ml Wasser weich kochen und passieren.

Fruchtmassen zusammenschütten und etwa 5 Min. kräftig aufkochen. Gelierzucker 2:1 dazugeben, gut verrühren und 3 Min. sprudelnd kochen lassen. Gelierprobe machen, danach heiß in Gläser abfüllen, fest verschließen und kopfüber zum Abkühlen aufstellen.

Zutaten:
1250 g Weißdorn,
125 g Berberitzen,
750 g Holunderbeeren,
750 g Gelierzucker 2:1,
700 ml Wasser

Rezepte

Verzeichnis der Rezepte

Rezepte

In dieser Reihe sind bisher erschienen:

Wildpflanzen
für Küche und Hausapotheke

€ 8,95
ISBN
978-3-910150-68-3

Holunder
Mythos, Heilwirkungen und Rezepte

€ 8,95
ISBN
978-3-910150-79-9

Der Sanddorn
Herkunft, Anwendung & Rezepte

€ 8,95
ISBN
978-3-910150-71-3

Zwiebeln
Herkunft, Anwendungen und Rezepte

€ 8,95
ISBN
978-3-910150-87-4

Wildfrüchte
Sammeln & Verarbeiten zu Marmeladen und mehr

€ 8,95
ISBN
978-3-910150-80-5

Kartoffel
Herkunft, Anwendungen und Rezepte

In Vorbereitung

€ 8,95
ISBN
978-3-910150-88-1

Zu den Autoren

Evemarie Löser

1949 in Ulrichshalben, unweit von Weimar geboren. Nach dem Schulbesuch Berufsausbildung, dann Meister für Lederverarbeitung. 1973 Umzug nach Schwerin/Meckl. Seit 1980 im Sozialwesen tätig, seit 1991 Mitarbeiter der AOK Schwerin.

Neben Familie (2 erw. Kinder) und Beruf immer Freude im Umgang mit Menschen, am Kleingarten und an der Verarbeitung der Ernte. Liebt die Kommunikation in Wort und Schrift und kreatives Gestalten.

Dr. Frank Löser

1944 in Lößnitz bei Freiberg/Sachsen geboren. Nach Schulbesuch Ausbildung zum Gärtner und Besuch der Fachschule für Pflanzenschutz in Halle/Saale 1963-66. Viele Jahre Mitarbeiter im Pflanzenschutzamt Karl-Marx-Stadt. 1969 – 1974 Fernstudium zum Dipl.-Agr.-Ing. und anschließend außerplanmäßige Dissertation.

Lebt seit 1984 in Mecklenburg. 2 erw.Kinder

Seit 1990 selbständig im Bereich der Werbeakquise tätig. Seine besonderen Hobbys sind das Entdecken und Erkunden der Natur, der Pflanzen- und Tierwelt.

Im Demmler Verlag sind von ihm bisher die Sagenbände „Thüringer Wald", „Weimarer Land" , „ Die Ostseeküste. Von Wismar bis Warnemünde" und „ Der Sanddorn. Herkunft, Anwendung & Rezepte" erschienen.